高等职业教育商务类专业精品课程系列规划教材辅导用书

采购与供应管理职业能力训练

主编 张龙枝 包 锋

苏州大学出版社
Soochow University Press

图书在版编目(CIP)数据

采购与供应管理职业能力训练 / 张龙枝, 包锋主编.
苏州 : 苏州大学出版社, 2025. 3(2025. 7 重印). -- ISBN 978-7-5672-3256-3

Ⅰ. F253-44;F252.2-44

中国国家版本馆 CIP 数据核字第 2025PC2199 号

书　　名: 采购与供应管理职业能力训练

主　　编: 张龙枝　包　锋

责任编辑: 杨　冉

装帧设计: 刘　俊

出版发行: 苏州大学出版社（Soochow University Press）

社　　址: 苏州市十梓街 1 号　**邮编**: 215006

印　　刷: 镇江文苑制版印刷有限责任公司

邮购热线: 0512-67480030

销售热线: 0512-67481020

开　　本: 787 mm×1 092 mm　1/16　**印张**: 8　**字数**: 180 千

版　　次: 2025 年 3 月第 1 版

印　　次: 2025 年 7 月第 2 次印刷

书　　号: ISBN 978-7-5672-3256-3

定　　价: 45.00 元

苏州大学出版社营销部　电话: 0512-67481020
苏州大学出版社网址　http://www.sudapress.com
苏州大学出版社邮箱　sdcbs@suda.edu.cn

PREFACE 前言

在当今快速发展且竞争激烈的商业环境中，采购与供应管理已成为物流类专业领域的核心环节，对于推动企业高效运营、提升企业竞争力起着关键作用。为助力高等职业教育商务类专业的学生更好地学习采购与供应管理课程，全面掌握该课程的基础知识、基本理论，并熟练运用基本技能与方法，进而切实有效地提升职业基本能力与专业素质，我们精心编写了这本与高等职业教育商务类专业精品课程教材《采购与供应管理》配套的《采购与供应管理职业能力训练》。

本书严格依据江苏联合职业技术学院颁布的高等职业教育商务类专业采购与供应管理课程标准进行编写，同时紧密结合行业实际需求与职业技能考核要点。在内容编排上，本书针对《采购与供应管理》教材的体例和结构，进行了精心的规划，设置了知识认知能力训练、专业运用能力训练两个模块。知识认知能力训练模块旨在帮助学生夯实基础。专业运用能力训练模块注重提升学生的专业素养与知识运用能力。

本书由江苏联合职业技术学院无锡交通分院张龙枝、苏州旅游与财经分院包锋任主编，负责整体框架设计与体例规划。具体编写分工如下：张龙枝（项目一）、王玉玲（项目二）、钱惠琴（项目三）、顾璟（项目四）、李白艳（项目五）、胡冰（项目六）、席敏婕（项目七）、包锋（项目八）。在编写过程中，我们广泛借鉴并参考了行业内权威的采购与供应管理资料、经典教材、习题集，以及近年来相关职业技能大赛的宝贵经验与资料，在此向所有相关贡献者表示衷心的感谢。

本书不仅适用于高等职业教育商务类专业学生在学习采购与供应管理课程时配套使用，也可为中高职物流类专业学生参加相关职业资格考试提供辅导与复习帮助。同时，对于从事采购与供应管理相关职业岗位的人员及自学进修者而言，本书也是不错的学习参考资料。尽管我们全力投入编写工作，但由于学识水平有限，书中难免存在疏漏之处，诚望各位专家、读者不吝赐教，予以指正。

CONTENTS 目录

项目一 熟悉采购管理与组织 /001
知识认知能力训练 /001
专业运用能力训练 /007

项目二 采购计划与预算的制订 /012
知识认知能力训练 /012
专业运用能力训练 /018

项目三 采购数量和质量管理 /024
知识认知能力训练 /024
专业运用能力训练 /029

项目四 采购价格与成本管理 /033
知识认知能力训练 /033
专业运用能力训练 /039

项目五 供应商选择与管理 /044
知识认知能力训练 /044
专业运用能力训练 /050

项目六 采购实施 /056
知识认知能力训练 /056
专业运用能力训练 /064

项目七 采购合同管理 /075
知识认知能力训练 /075
专业运用能力训练 /082

项目八 采购绩效管理 /086
知识认知能力训练 /086
专业运用能力训练 /092

参考答案 /097

项目一

熟悉采购管理与组织

知识认知能力训练

一、填空题

1. 采购行为的出现是由________引起的，没有了__________也就没有了采购。

2. 采购的过程是________、__________、__________的有机统一。

3. 所谓____________，是指企业以本币向国内供应商购买所需物资的活动。

4. 采购管理是指为保障企业物资供应而对企业的整个采购业务过程进行____________、____________、____________和____________的活动。

5. 采购业务内容主要有__________、__________、__________、__________、签订采购合同、发出采购订单、交货验收、货款结算及购后工作服务等。

6. 经过长期的实践与总结，采购专家提出了用____________原则指导企业采购活动。

7. 采购组织的基本类型有____________、分权式采购组织和______________。

8. ____________就是指采购通过组织机构中的分公司或分部门来完成，通过把采购相应的职责和工作予以授权下放来实现的。

9. 一贯作业的组织方式是指一位采购人员可以综合管理____________，权责比较分明。

10. 设置好采购部门组织形式之后，首先明确____________和____________的职责。

二、单项选择题

1. 从物流的角度来说，采购处于的阶段是（　　）。

A. 回收物流　　B. 供应物流

C. 销售物流　　D. 生产物流

2. 采购是（　　）。

A. 商流　　B. 物流

C. 商流和物流的有机统一　　D. 既不是商流也不是物流

3. 以下不属于狭义采购特点的是（　　）。

A. 采购的主体通常是家庭或个人

B. 采购的物品，就独立的购买个体而言，数量不多，品种有限

C. 采购从筹划开始至实施到完成，相对比较简单易行

D. 采购的品种、规格较多，金额一般比较大

4. 以下不属于非物质资源的是（　　）。

A. 原材料　　B. 软件

C. 技术　　D. 文化用品

5. 以下不属于物质资源的是（　　）。

A. 原材料　　B. 设备

C. 工具　　D. 信息

6. 企业以本币向国内供应商采购所需物资的活动属于（　　）。

A. 国内采购　　B. 集中采购

C. 分散采购　　D. 国际采购

7. 以下不属于集中采购的优点的是（　　）。

A. 集中采购，可以减少订货次数，从而减少订货费用

B. 采购过程复杂，时效性差

C. 获得供应商的批量价格优惠

D. 可统一组织供应，合理配置资源，最大限度降低库存

8. 由买卖双方直接讨价还价实现交易的一种采购方式是（　　）。

A. 询价采购　　B. 比价采购

C. 订货点采购　　D. 议价采购

9. 以下不属于传统采购的是（　　）。

A. 询价采购　　B. 比价采购

C. 订货点采购　　D. 议价采购

10. 准时化采购又称（　　）。

A. 订货点采购　　B. MRP 采购

C. JIT 采购　　D. 供应链采购

11. 衡量采购管理是否有效的主要指标就是看（　　）。

A. 采购利润的大小　　B. 采购总成本的高低

C. 采购时间的多少　　D. 采购周期的长短

12. 采购基本流程的第一步是（ ）。

A. 编制采购计划　　B. 明确采购需求

C. 做出采购决策　　D. 选择供应商

13. 采购基本流程的第三步是（ ）。

A. 编制采购计划　　B. 明确采购需求

C. 做出采购决策　　D. 选择供应商

14. 以下不属于采购“5R”原则的是（ ）。

A. 适时原则　　B. 价格最低原则

C. 适量原则　　D. 适质原则

15. 各分公司、各部门都无采购权力，只在公司的总部设有一个中心采购部门的采购组织属于（ ）。

A. 集权式采购组织　　B. 分权式采购组织

C. 混合式采购组织　　D. 一贯制采购

16. 通过将采购职责和工作授权给组织机构中的分公司或分部门来完成的采购组织属于（ ）。

A. 集权式采购组织　　B. 分权式采购组织

C. 混合式采购组织　　D. 一贯制采购

17. 以下采购部门组织设置方式中，属于分段作业的是（ ）。

A. 按采购地区划分　　B. 按物品采购类别划分

C. 按采购价值或重要性划分　　D. 按采购过程划分

18. 以下不属于集权式采购组织适用条件的是（ ）。

A. 大宗和批量物品的采购　　B. 价格较高的物品

C. 关键的零部件　　D. 小批量采购

19. 采购组织机构设置中，依照采购过程，把询价、比价、议价、决定等工作分别交由不同人员办理，产生内部牵制作用的设置方式属于（ ）。

A. 按采购地区划分　　B. 按物品采购类别划分

C. 按采购价值或重要性划分　　D. 按采购过程划分

20. 以下不属于采购文员的工作职责的是（ ）。

A. 各种采购单据和报表的收集、整理与统计

B. 采购品质记录的保管与维护

C. 查证进料的品质和数量

D. 采购事务的传达

三、多项选择题

1. 广义的采购是指除了以购买的方式占有物品以外，还可以用（ ）方式取

得物品的使用权。

A. 交换　　B. 租赁

C. 借贷　　D. 拿取

2. 以下属于非物质资源的是（　　）。

A. 信息　　B. 软件

C. 技术　　D. 文化用品

3. 以下属于按采购的范围分类的是（　　）。

A. 国内采购　　B. 集中采购

C. 分散采购　　D. 国际采购

4. 以下属于科学采购的是（　　）。

A. MRP 采购　　B. JIT 采购

C. 供应链采购　　D. 电子商务采购

5. 以下属于采购管理的主要内容的是（　　）。

A. 采购需求管理　　B. 采购制度建设

C. 采购组织管理　　D. 采购合同管理

6. 采购的“5R”原则是指适时原则、（　　）。

A. 适量原则　　B. 适价原则

C. 适质原则　　D. 适地原则

7. 在采购中，一个合适的采购价格往往要经过（　　）等环节的努力才能获得。

A. 多渠道获得报价　　B. 比价

C. 议价　　D. 定价

8. 采购组织的基本类型有（　　）。

A. 集权式采购组织　　B. 分权式采购组织

C. 混合式采购组织　　D. 一贯制采购

9. 以下属于分权式采购组织适用条件的是（　　）。

A. 小批量采购　　B. 采购价值较低

C. 市场资源有保证　　D. 距离总部较远

10. 以下属于采购员的工作职责的是（　　）。

A. 经办一般性物料的采购，察访厂商，调查市场行情

B. 查证进料的品质和数量

C. 进料品质和数量异常的处理

D. 与供应商谈判价格、付款方式、交货日期

四、判断题

1. 狭义的采购就是购买、买东西。　　（　　）

2. 采购是企业成本控制的唯一途径。（　　）

3. 在企业质量管理中，采购质量控制是不能代替的。（　　）

4. 长期合同采购，供应关系稳定，主要适用于采购方需求量大、需要连续不断供货的物资，如企业的主要原材料等的采购。（　　）

5. MRP 采购主要应用于流通型企业。（　　）

6. 采购管理是指为保障企业物资供应而对企业的整个采购业务过程进行计划、组织、实施和控制的活动。（　　）

7. 批量采购可能获得数量折扣，所以每批次应该尽可能多采购。（　　）

8. 集权式采购组织适用于大宗和批量物品的采购。（　　）

9. 混合式采购集合了集权式采购组织和分权式采购组织的特点。（　　）

10. 一位采购人员负责全部过程的各项作业，工作相当复杂，无法做到非常专业精通。（　　）

五、简答题

1. 狭义采购和广义采购的特点分别是什么？

2. 简述采购的特点和作用。

3. 简述集中采购的优缺点。

4. 什么是采购管理？采购管理和采购的区别和联系是什么？

5. 简述采购管理的目标。

6. 简述采购的基本流程。

7. 如何理解采购的“适量原则”？

8. 什么是集权式采购，它的优缺点分别是什么？

9. 什么是分权式采购，它的适用条件是什么？

10. 采购员的工作职责有哪些？

专业运用能力训练

一、案例分析题

案例一

前不久，某公司将一位采购员提升为采购经理。上任没多久，就听到这位采购经理到处宣扬，他把某些零件的采购从一家供应商换到了另一家供应商，采购价格降低了一定幅度，每年能节省相当一部分采购成本。接下来，他还准备调整整个供应商群，将采购成本大幅度降低。这位经理的降价方法如下：

首先，他专挑那些用量较大的零件，重新进行询价，这样当然会询到更优惠的价格。但需要注意的是，原供应商还有很多其他的零件在该公司使用，用量很少但价格还维持在高用量时的水平，毫无疑问供应商在亏本，只能靠那些大用量的零件来弥补。

其次，对于新零件，在开发阶段先经过第一轮竞价后，选择合格的供应商参与新产品研发并提出技术支持与改进意见。进入量产阶段再进行第二轮竞价重新选择一批合格的供应商，进行批量供货。

思考：

1. 按照这位经理的操作，你能预测到接下来会发生什么吗？
2. 如果你是这位经理，你会采取哪些措施来降低采购成本？

案例二

某区采购中心受县第一中学委托，需采购一批教学用彩色电视机。鉴于所购电视机规格、型号、标准一致，国内产品质量过关、货源充足，价格稳定等特点，采购中心决定采用询价方式进行采购。以下是他们实施询价采购的具体步骤：

第一步，将采购中心6名工作人员分成3个询价小组；

第二步，将本辖区内的14家销售电视机的商家按地理位置划分成三个区域，每个询价小组负责一个区域，对各商家不同品牌相同规格、品质电视机的售价进行调查，并开展讨价还价工作，从而确定一个意向性价格；

第三步，各小组集中讨论，将收集来的信息资料和报价情况进行汇总、整理和分析，按价格最低、服务最好的要求，确定成交供应商；

第四步，通知被确定成交的供应商并签订采购合同。

很明显，以上四个步骤与《中华人民共和国政府采购法》规定的程序存在不符之处。

思考：

结合本案例分析一下询价采购的优势、劣势，并提出你认为合理的方案。

案例三

沃克利照明企业凭借设计完美的产品，销售量急剧增长。随之而来是，企业对配件的采购需求日益增大，但生产部门频繁出现配件供货短缺的情况，企业很难维持充足的库存，进而导致缺货问题，企业信誉也因此受损。

思考：

若你被任命为采购组长，你将采取哪些措施来改进采购工作？

二、能力训练题

1. 在市场上，除了生产企业为了完成最终产品的制造而采购大量的设备、原材料和零部件外，商贸流通企业也同样有采购需求。在商贸流通企业中，采购主体的特点决定了商品采购不同于一般的生产型企业的采购，并且对商品采购物流的要求也相对较高。

要求：

（1）请列举商贸流通企业所采购的商品。

（2）找出商贸流通企业采购商品的分类。

（3）生产型企业和流通型企业采购对象有什么区别？

（4）生产型企业和流通型企业采购活动有什么区别？

2. 阅读材料，并按要求完成任务。

GR 公司是一个总部位于美国，在亚洲的日本、中国和欧洲都设有分公司的跨国集团公司。其业务涉及通信、交通和家电三个产业部门。该公司拟采取全球采购的方式，与全球众多优秀供应商进行合作。

经过采购部门分析发现，存在不少元部件需求重叠的情况。例如，通信产业部门需要购买的零件、材料，如薄钢板、液晶显示器、电子元器件等，交通、家电部门也需要购买，各产业部门还要购买符合其特殊需求的材料和零部件。原来，该集团公司的各部门各行其是，购买什么、购买多少、向谁购买，都由各部门自行决定，造成同一产品的质量、价格与服务差距悬殊。

要求：

请依据所学知识，为该公司选择合适的采购模式。

项目二

采购计划与预算的制订

知识认知能力训练

一、填空题

1. 市场调查是以________为对象的调查研究活动或调查工作过程，是一种重要的经济调查方式。

2. 现代企业经营的重心在________，而________是企业做出正确经营决策的前提。

3. 采购市场的调查是__________________的出发点，也是了解和认识市场的一种有效方法。

4. ____________是指卖方按买卖合同规定将合同货物交付给买方或者承运人的期限，是买卖合同的主要交易条件。

5. 性能或功能规格的核心是__________________。

6. _______________是采购作业的第一步。

7. 采购环境的内容包括______________和______________两个部分。

8. 综合平衡就是指从全局出发，综合考虑________________、______________、________________等要素，判断认证需求的可行性。

9. 生产物料需求计划是____________________的主要来源。

10. ____________是指导和控制采购过程的“生命线”，是开启采购管理的钥匙。

二、单项选择题

1. 现代企业经营的重心在决策，而（　　）是企业经营决策的前提。

A. 市场调查　　B. 市场环境

C. 信息　　D. 采购计划

2. 以下关于采购计划中对物料需求时间估算的说法，正确的是（　　）。

A. 应结合生产计划、库存水平及供应商交货周期来确定

B. 只需要参考过往生产数据，无须考虑市场变化

C. 物料需求时间估算错误对采购预算没有影响

D. 可以随意估算，后期再进行调整

3. （　　）是企业进行经营决策的基础。

A. 采购计划　　B. 采购数量多少

C. 采购需求　　D. 采购市场调查

4. 在采购需求的构成要素中，（　　）的好坏会直接影响整个项目的采购效果。

A. 数量　　B. 交货时间

C. 技术规格编制　　D. 市场调查

5. （　　）指对被调查的现实情况和数量进行观察与记录，并辅之以照相、录像、录音等手段，被调查者往往并不感觉到正在被调查。

A. 电话调查法　　B. 观察法

C. 面谈法　　D. 实验法

6. 调查表格或问卷设计的好坏直接关系到调查内容的（　　）。

A. 质量　　B. 结果

C. 多少　　D. 期限

7. （　　）的核心是理解所需要的性能。

A. 物理和化学特性　　B. 性能或功能规格

C. 物料和制造方法　　D. 工程制图

8. 确认顾客订单需求之后，企业才能结合市场环境对（　　）进行确认，进而对需求进行分解，执行相应的采购任务。

A. 采购计划　　B. 采购数量

C. 采购需求　　D. 采购任务

9. 编制采购计划的目的不在于（　　）。

A. 预计物料需用的时间和数量

B. 防止供应中断

C. 避免物料储存过少

D. 配合企业生产计划和资金调度

10. 国内外经济发展状况、人口增长、政治体制、文化及社会环境、技术发展、竞争者状况等是年度销售计划的（　　）。

A. 外界的可控因素　　B. 外界的不可控因素

C. 内部可控因素　　D. 内部不可控因素

11. （　　）是能够启动整个供应程序流动的牵引项。

A. 开发批量需求　　B. 开发余量需求

C. 开发短缺需求　　D. 零需求

12.（　　）是采购作业的第一步。

A. 制定采购预算　　B. 市场调查

C. 采购需求确认　　D. 制订采购计划

13.（　　）是评估订单需求首先要做的工作。

A. 分析市场需求　　B. 分析生产需求

C. 分析供应需求　　D. 确定订单需求

14.（　　）是采购计划的最后一个环节。

A. 制订订单计划　　B. 制订采购计划

C. 制定采购需求　　D. 价格确认

15. 大宗物资可参加有关订货会议与物资生产企业签订订货合同，直接从生产企业取得物资，不需经过中转机构，这是（　　）。

A. 直接购买方式　　B. 直接接货方式

C. 直接订货方式　　D. 直接到货方式

16. 下列（　　）不属于商品采购预算编制的步骤。

A. 确定所需的资源　　B. 提出准确的预算数字

C. 汇总　　D. 建立趋势模型

17. 采购预算（　　）要与企业的计划期保持一致，绝对不能过长或过短，这是因为长于计划期的预算是没有实际意义的，只会浪费人力、物力和财力。

A. 时间　　B. 到货方式

C. 运输方式　　D. 成本

18. 编制采购预算应该本着（　　）的原则，一般以企业所确定的经营目标为前提，不要盲目哄抬目标值。

A. 降低成本　　B. 杜绝浪费

C. 高效快捷　　D. 实事求是

19.（　　）指根据计划期内可能发生的多种业务量，分别确定与各种业务量水平相适应的费用数额，从而形成适用于不同生产经营活动水平的费用预算。

A. 弹性预算　　B. 概率预算

C. 零基预算　　D. 固定预算

20.（　　）指在编制预算时，对于所有的预算项目均以零为起点，不考虑以往的实际情况，而完全根据未来一定期间生产经营活动的需要和每项业务的轻重缓急。

A. 弹性预算　　B. 概率预算

C. 零基预算　　D. 固定预算

三、多项选择题

1. 询问法包括（　　）等方法。

A. 问卷调查法　　B. 面谈调查法
C. 电话调查法　　D. 现场调查法

2. 抽样调查技术主要有（　　）。
A. 随机抽样　　B. 非随意抽样
C. 分类随机抽样　　D. 任意抽样

3. 采购市场调查报告的内容包括（　　）。
A. 标题和前言　　B. 报告主体
C. 调查目的　　D. 样本的分配、图表及附录

4. 随机抽样常用的方法主要有（　　）。
A. 简单随机抽样　　B. 分类随机抽样
C. 复杂随机抽样　　D. 分群随机抽样

5. 采购需求描述包括（　　）。
A. 品牌描述　　B. 规格描述
C. 预测描述　　D. 价格描述

6. 交货要求主要包括（　　）。
A. 包装　　B. 交货时间
C. 验收质量标准　　D. 供应商服务与响应

7. 采购规格描述包括描述商品的（　　）。
A. 物理和化学特性规格　　B. 功能规格
C. 物料和制造方式规格　　D. 至少同等规格

8. 准备认证计划包括（　　）等方面。
A. 接受开发批量需求　　B. 接受余量需求
C. 准备认证环境需求　　D. 制定认证计划说明书

9. 按物料的使用方向分可以把采购计划分为（　　）。
A. 生产产品用物料采购计划
B. 基础建设用料采购计划
C. 金属采购计划
D. 企业管理用物料采购计划

10. 采购预算的编制方法有（　　）。
A. 弹性预算　　B. 零级预算
C. 概率预算　　D. 滚动预算

四、判断题

1. 采购市场调查是调整和校正采购计划执行情况的重要依据。（　　）

2. 调查人员直接到市场，对被调查的现实情况和数量进行观察与记录，并辅之

以照相、录像、录音等手段，被调查者往往会感觉到正在被调查。（　）

3. 在制定采购预算时，通过对历史采购数据的分析和对未来市场趋势的合理预测，能够使预算更贴合实际采购需求。（　）

4. 在确定采购需求前，应当充分了解市场信息，只采纳少数供应商推荐的方案作为需求指标。（　）

5. 评估认证需求是采购计划的第一个步骤。（　）

6. 如果认证需求小于认证容量，则需要进行综合平衡。（　）

7. 由于市场环境的多变，企业在获悉客户的需求之后，应当对相应物料的市场环境进行分析。（　）

8. 除非市场出现供不应求的状况，否则企业年度的经营计划都以需求为起点。（　）

9. 编制采购预算时不要盲目抬高采购目标，也不要消极压低采购目标。（　）

10. 如果对极细微的支出也做琐碎的规定，会致使各职能部门缺乏应有的自由，但不会造成预算的烦琐。（　）

五、简答题

1. 什么是采购市场调查？采购市场调查的作用是什么？

2. 采购调查程序有哪些？

3. 简述采购需求规格描述的优缺点。

4. 采购计划的编制程序有哪些？

5. 采购预算的作用有哪些？

专业运用能力训练

一、案例分析题

案例一

胡家饺子馆在南京小有名气，每天顾客络绎不绝、生意红火，很让同行们羡慕。可胡老板却高兴不起来，原来尽管生意不错，但由于食材采购不准确，每天都有大量的剩余，造成极大的浪费，利润并不像生意那么“红火”。饺子馆的成本主要来自食材、人工、房租和水电等费用。其他费用都相对容易控制和计算，唯独食材采购成本不好预估，饺子皮还具有隔天不能使用的特点。胡老板算起了细账：如果每份饺子10个，售价20元，直接成本为饺子馅、饺子皮、佐料和燃料，每个饺子成本大约0.8元。虽然存在价差空间，可是由于每天有大量的剩余食材，这些采购食材又不能隔天使用，加上人工、水电等经营成本，每个饺子的成本就接近1.6元了。此外，每个饺子的物流成本最高时可达0.1元，加上每年的粮食涨价，因此利润越来越薄。最大问题是做饺子的数量难把握。做少了，顾客来了没有足够的饺子供应，也来不及现做；做多了，就会产生大量剩余。胡老板遇到的问题是一个典型的采购需求预测问题，不少企业，尤其是餐馆商家都在探寻便捷有效的方法，以便合理控制进货数量，准确预测市场需求，有效降低采购成本，提高物流效率。这已经成为企业经营的关键问题。

思考：

1. 胡老板在经营过程中存在哪些问题？
2. 如何为胡老板设计一份市场消费需求预测表？
3. 根据市场需求预测结果，该如何制订一周的采购计划？

案例二

某知名服装企业（简称“X 公司”），专注于中高端女装的设计、生产和销售。随着市场需求的不断变化和消费者偏好的日益多样化，X 公司决定优化其原料采购计划，以提高产品质量、降低成本并增强市场竞争力。

（一）X 公司原采购计划制定

1. 市场调研与需求分析

首先，X 公司进行了详细的市场调研，了解当前服装面料的流行趋势、价格变动及供应商情况。同时，结合公司的销售策略和产品设计需求，确定了所需的原料种类、数量和质量标准。

2. 供应商评估与选择

X 公司建立了一套完善的供应商评估体系，从价格、质量、交货期、服务水平和合作稳定性等多个维度对潜在供应商进行综合评价。基于评估结果，公司选择了几家长期合作且表现优异的供应商作为合作伙伴，并建立了长期稳定的合作关系。

3. 采购计划制订

根据市场需求、产品设计需求和供应商情况，X 公司制订了详细的采购计划，具体包括以下内容：

原料种类与数量：根据产品设计和生产需求，明确所需的各种面料、辅料及配件的种类和数量。

质量标准：根据产品设计要求和行业标准，制定原料的质量标准，包括成分、颜色、强度、耐磨性等指标。

采购时间：结合生产计划和市场销售预测，合理安排原料的采购时间，确保原料能够及时供应并满足生产需求。

采购预算：根据原料的市场价格和采购数量，制定采购预算，并预留一定的风险准备金以应对价格波动等不确定因素。

4. 签订合同与采购执行

在与供应商协商一致后，X 公司签订了正式的采购合同，明确了双方的权利和义务。采购部门根据合同要求，督促供应商按时、按质、按量交付原料。同时，公司建立了完善的验收和入库流程，确保原料的质量符合标准要求。

（二）采购计划优化

1. 采购流程优化

为了提高采购效率，X 公司对采购流程进行了优化。公司引入了先进的企业资源计划（ERP）系统，实现了采购、生产、财务等部门的信息共享和协同作业。通过系统管理，公司能够实时掌握原料的采购进度、库存情况和生产需求等信息，从而及时调整采购计划并优化资源配置。

2. 供应商管理与绩效考核

X公司建立了供应商绩效考核机制，定期对供应商的交货期、质量、服务水平和合作稳定性等方面进行评估。根据评估结果，公司对表现优异的供应商给予更多的订单支持和优惠政策；对表现不佳的供应商则提出改进要求或解除合作关系。这种动态管理机制有助于激励供应商不断提高服务质量并保持良好的合作关系。

3. 成本控制与风险管理

为了降低采购成本并控制风险，X公司采取了多种措施。一方面，公司通过与供应商的谈判和沟通，争取更优惠的价格和更灵活的付款条件；另一方面，公司建立了完善的风险预警机制和市场监控体系，及时应对原材料价格波动、供应商风险等不利因素。

（三）预期效果

通过实施上述采购计划和管理措施，X公司预期将实现以下效果：

（1）原料采购质量和供应稳定性得到有效保障，提高产品质量和供应链的稳定性。

（2）采购成本得到有效控制，降低原材料采购成本，提高公司利润。

（3）采购工作流程得到优化，提高工作效率，减少沟通和协调成本。

（4）增强与供应商的合作关系，提升公司的市场竞争力。

总之，一个科学、合理的采购计划对于服装企业的运营至关重要。通过制订详细的采购计划、优化采购流程、加强供应商管理和风险控制等措施，企业可以确保原料的及时供应和质量安全，提高生产效率和产品质量，从而增强市场竞争力并实现可持续发展。

思考：

结合所学内容，思考X公司在制订采购计划过程中，应从哪些方面来进行考虑，取得了哪些成效。

案例三

2024年7月27日，在巴黎奥运会射击混合团体10米气步枪比赛中，中国组合黄雨婷/盛李豪夺金，这是中国队在本届奥运会上获得的首金。“神枪少女”头上的发卡，引起了网友们的关注，大家纷纷“求链接”“催义乌”，奥运会带火了“中国制造”。小商品也有大生意，义乌迎来“奥运时间”。

义乌，这座被誉为“世界超市”的城市，在2024年对外喊出了“来义乌，做地球人生意”的口号。这一届奥运会上，义乌的商家们再次诠释了“你永远可以相信义乌速度”。

义乌市场官方网站显示，目前义乌市场上已有几十个商家上架了黄雨婷同款发卡。一名商家说：“不仅有国内订单，这几天，也有国外客商来采购。”

据媒体报道，这几天“黄雨婷同款发夹”供不应求，已经卖出了几十万个。现在即便客户提前两天预订，工厂也需要连夜赶工，才能按期交货。在电商平台上，这款发夹的搜索量达到125.3万次，热度上升120%。

其实对于女性消费者来说，黄雨婷同款的发夹并不陌生。这种白色发夹叫“无痕夹”，款式不算新，早些年就已售卖，但热度没这么高。没想到这次因奥运首金得主黄雨婷而成为大爆款，现在批发价为0.6元一个。

这次发夹的走红，与东京奥运会上杨倩夺冠时佩戴的“小黄鸭发卡”如出一辙。不仅仅是发夹，从义乌走出去的各类体育用品，也值得关注。据义乌海关统计，2024年前5个月，义乌体育用品及设备出口额达41亿元，同比增长44.4%，其中对法国的体育用品出口额同比增长70.5%。以迎接巴黎奥运会的采购潮为例，不少商户提前布局，对接当地采购商，囤原料并设计新款。据悉，从2023年开始，义乌各大商家就已经接到了大量“奥运订单”。

义乌之所以能够乘上这波奥运的东风，得益于义乌完善的产业链和供应链体系。义乌当地生产效率很高，义乌商家又有敏锐的市场洞察力，这也就使得义乌有着不可比拟的爆款打造能力。

思考：

结合所学知识，分析义乌各大商家需如何做好采购计划，才能适应市场需求。

二、能力训练题

吴军工作多年，近年来萌生了自己创业当老板的想法。他看到这几年物流行业发展迅速，便想开一家物流公司或快递公司。由于自身资金有限，需要提前做预算，估算一下办一个物流公司需要使用多少资金。请大家运用所学的知识帮助吴军完成以下任务：

1. 各小组成员查阅相关物流公司资料进行调研，查看现在的物流公司运用物流设施设备的情况，结合自己的目标，撰写创办物流公司的策划书，包括公司业务规模、业务范围、机构人员设置等内容。

2. 结合物流公司的策划方案，列出需要采购的物流设备。

3. 前往采购部门，获取采购计划与预算编制的实例，了解编制采购计划与预算的方法与流程。

4. 通过互联网查找设备资料，制订采购计划和采购预算。

要求：

1. 小组成员分工协作，完成采购计划与预算表的撰写，并制作成幻灯片，向大家展示实训成果。

2. 本次实训成绩，按个人表现、团队表现、实训成果分类汇总而成。

3. 完成成果展示评价表（表 2-1）。

表 2-1　成果展示评价表

<table>
<tr><td>班级</td><td></td><td>小组</td><td colspan="2"></td><td>日期</td><td>年　月　日</td></tr>
<tr><td>序号</td><td colspan="3">评价要点</td><td>标准分</td><td>得分</td><td>总评</td></tr>
<tr><td>1</td><td colspan="3">PPT 效果</td><td>30</td><td></td><td rowspan="3"></td></tr>
<tr><td>2</td><td colspan="3">成果完整，结论全部正确并按时完成</td><td>30</td><td></td></tr>
<tr><td>3</td><td colspan="3">发言人思路清晰，语言通顺</td><td>40</td><td></td></tr>
</table>

项目三

采购数量和质量管理

知识认知能力训练

一、填空题

1. 按产品特点分，库存可以分为__________、__________、__________和__________。

2. __________是指在足够长的时间内对某种物品的重复的、连续的需求库存。

3. 采购费用与订货次数成________比，若采购费用大，应考虑________订货次数。

4. 联合管理库存英文缩写为________。

5. ________是指每次订货的数量相同，而每次订货的时间则根据库存量降到一定点来确定。

6. ________是对商品的质量及与质量有关的各个方面所做的统一的技术规定，是评定、监督和维护商品质量的准则和依据。

7. 采购质量由________、________、________、________、________和____________六个要素构成。

8. 影响采购质量管理的因素主要有________、________、________和________。

9. 采购质量管理方法主要有________、________、________和________。

10. PDCA 循环法中的“A”是指________。

二、单项选择题

1. （　　）是生产者为了应对需求的不确定性和供应的不确定性，防止缺货造成的损失而设置的一定数量的存货。

A. 周转库存　　B. 安全库存

C. 运输库存　　D. 调节库存

2. 供应商管理库存的英文缩写是（　　）。

A. VMI　B. CMI

C. JMI　D. TMI

3. ABC 分类控制法是由意大利经济学家维尔弗雷多·帕累托于（　　）提出的。

A. 1963 年　B. 1951 年

C. 1931 年　D. 1879 年

4. ABC 分类控制法中，A 类物资属于（　　）。

A. 重要　B. 次重要

C. 不重要　D. 一般

5. PDCA 循环法中的“D”表示（　　）。

A. 计划　B. 执行

C. 检查　D. 行动

6. 偶尔发生对某种物品的需求库存称为（　　）。

A. 安全库存　B. 单周期需求库存

C. 在途库存　D. 调节库存

7. CMI 是（　　）的英文缩写。

A. 供应商管理库存　B. 经济批量库存

C. 客户管理库存　D. 联合管理库存

8. 符合或超过标准的产品称为（　　）。

A. 合格品　B. 不合格品

C. 次品　D. 废品

9. 下列属于影响采购质量管理中生产环节的因素的是（　　）。

A. 员工技术水平　B. 产品开发设计

C. 运输方式　D. 商品保养

10. 用来分析各种质量问题产生的原因的采购质量管理方法是（　　）。

A. 直方图法　B. 控制图法

C. PDCA 循环法　D. 因果分析图法

三、多项选择题

1. 按库存的作用分类，可将库存分为（　　）。

A. 周转库存　B. 安全库存

C. 运输库存　D. 调节库存

2. 以下属于库存控制的影响因素的有（　　）。

A. 服务水平　B. 物资单价

C. 需求　D. 产品特点

3. 以下属于经济批量适用范围的是（　　）。

A. 商品的采购需要量均衡、稳定

B. 库存经常发生短缺

C. 商品单价和运费率固定

D. 仓储和资金条件等不受限制

4. 定期订货法的特点有（　　）。

A. 有固定的采购周期　　B. 没有固定的采购周期

C. 有固定的采购数量　　D. 没有固定的采购数量

5. 以下属于采购质量管理方法的有（　　）。

A. 直方图法　　B. 因果图法

C. 控制图法　　D. PDCA 循环法

6. 影响采购质量管理的因素有（　　）。

A. 人的因素　　B. 生产环节中的因素影响

C. 仓库储存因素　　D. 售后服务因素

7. 下列属于按用户对库存的需求特点分类的有（　　）。

A. 独立需求库存　　B. 调节库存

C. 多周期需求库存　　D. 在途库存

8. 联合管理库存的实施策略有（　　）。

A. 建立供需协调管理机制

B. 实施存货周转

C. 建立信息沟通渠道

D. 发挥第三方物流系统的作用

9. 我国采用的产品质量标准有（　　）。

A. 企业标准　　B. 行业标准

C. 国家标准　　D. 国际标准

10. 下列属于采购质量管理策略的有（　　）。

A. 制订联合质量计划　　B. 运用科学的质量检验方法

C. 制定采购质量管理体系　　D. 定期或不定期监督检查

四、判断题

1. 传统意义上的“库存”指为了将来的使用和销售而持有的货物储备，尤其是指存放在仓库中的物品。（　　）

2. 供应商管理库存环境下的库存运作模式，本质上是将多级供应链问题变成单级库存管理问题。（　　）

3. 广义的观点认为，库存控制主要是针对仓库的物料进行盘点、数据处理、保管、发放等，通过执行防腐、温湿度控制等手段，达到使保管的实物库存保持在最佳状态的目的。　　（　　）

4. 产品物资的价格越高，会占用的库存资金数额也就越多，可减少采购次数缩减库存量。　　（　　）

5. 经济订货批量模型是雷蒙德·费尔菲尔德于 1931 年在《论经济订购批量》一书中提出的。　　（　　）

6. 定期订货法一般适用于单价较低，不便于少量订货的产品。　　（　　）

7. PDCA 循环又叫戴明环，是美国质量管理专家戴明博士首先提出的，它是全面质量管理应遵循的科学程序。　　（　　）

8. 采购质量管理体系是指企业为了保证采购工作质量和采购物资质量，运用系统方法，依靠必要组织结构，把采购各部门各环节质量管理活动严密组织起来，把影响采购质量的一切因素控制起来，形成一个有明确任务、职责、权限，相互协调、相互促进的采购管理整体。　　（　　）

9. 采购质量的好坏直接影响企业的最终产品的质量。　　（　　）

10. 在 ABC 分类控制法中，A 类物料通用性强或是价值低，形成呆料的风险小。　　（　　）

五、简答题

1. 简述库存的含义。

2. 库存控制的意义是什么？

3. 简述供应商管理库存的运作原理。

4. 简述采购质量的构成。

5. 采购质量管理的方法有哪些？什么是 PDCA 循环法？

专业运用能力训练

一、案例分析题

案例一

某企业对202×年的12种采购项目进行了汇总统计，12种物料项目的相关数据如表3-1所示。

表3-1　某企业202×年12种采购物料统计数据

编号	A	B	C	D	E	F	G	H	I	J	K	L
采购量/件	350	1 400	300	160	280	220	500	550	120	330	290	2 500
单价/元	4	9	1	3	2	1	6	7	4	2	4	3
采购额/元	1 400	12 600	300	480	560	220	3 000	3 850	480	660	1 160	7 500

思考：

如何用ABC分类控制法找到需要重点控制和管理的关键物料？并阐述针对三类物料的不同的管理策略。

案例二

已知某物料的年需求量为 3 000 件，每次订货成本为 20 元，单位成本为 12 元，库存保管费用率为 25%。

思考：

该物料的经济订货批量是多少？

案例三

创办于1968年的美的集团股份有限公司（以下简称“美的集团”），是以家电业务为主，涉足房产、物流等领域的大型综合性现代化企业集团。2024年7月《财富》杂志发布2024年中国企业500强榜单，美的集团位列榜单第73名。美的集团能一直保持健康、稳定、快速的增长，其中关键原因之一是美的集团长期以来致力于提高存货周转速度，降低库存成本。

历史资料显示，尽管美的集团在降低库存成本方面一直表现不错，但依然有最少5~7天的零部件库存和几十万台的成品库存。这一存货水准相较于其他产业的优秀标杆仍稍逊一筹。在此压力下，美的集团自2002年起开始探索新的库存控制模式。

美的集团首先对供应商进行有效分析。作为供应链里的“链主”（核心企业），美的集团上游相对稳定的供应商共有300多家。其中，60%的供货商是在美的集团总部顺德周围，还有部分供货商在车程三天以内的地方，仅有15%的供货商距离较远。对于剩下15%的远程供应商，美的集团在顺德总部建立了很多仓库，然后把仓库分成很多片区。外地供货商可以租赁其中一个片区，并把零配件放到片区里面储备。美的集团需要用到这些零配件的时候，就会通知供应商，然后进行资金划拨、取货等工作。此时零配件的产权才由供应商转移到美的集团手上，而在此之前，所有的库存成本都由供应商承担。也就是说，在零配件交易完成之前，美的集团一直把库存转嫁给供应商。至此，美的集团零部件库存周转率上升到70—80次，零部件库存天数也由平均5—7天，大幅降至3天左右，且这3天的库存由供货商管理并承担相应成本，这使得公司库存周转率提高，资金占用降低、资金利用效率提高、资金风险降低、库存成本显著下降。

思考：

1. 根据资料，请说出美的集团的库存控制模式是什么？

2. 这种库存控制模式的优点是什么？

3. 在新时代背景下，美的集团在采购方面可采取哪些创新举措促进公司新质生产力的发展？

二、能力训练题

选择一家零售企业进行调研，如学校小卖部或周边某个超市，了解其经营范围、经营状况、库存控制状况等，调研其历史销售数据和采购数据。

要求：

1. 对调研信息和数据进行整理和分析，判断其主要商品的基本供求规律。
2. 根据调研信息，分析该企业所采用的库存控制模式和订货方法。
3. 运用采购数量和质量的相关知识，结合该企业供应链上下游情况和采购现状，分析其现有的库存控制模式和订货方式是否存在问题。若存在问题，提出相应的优化方案。
4. 各小组对调研结果进行文字化处理，并制作 PPT 进行汇报展示。
5. 完成成果展示评价表（表 3-2）。

表 3-2　成果展示评价表

班级		小组		日期	年　月　日
序号	评价要点		标准分	得分	总评
1	PPT 效果		30		
2	成果完整，结论全部正确并按时完成		30		
3	发言人思路清晰，语言通顺		40		

项目四

采购价格与成本管理

知识认知能力训练

一、填空题

1. 采购价格是指企业进行采购作业时，通过某种方式与供应商之间确定的所需采购的______________________。

2. 采购价格的种类包括__________、出厂价、现金价等。

3. 影响供应价格的因素主要有__________和市场结构两个方面。

4. 采购成本具体包括__________、订购成本、维持成本、缺料（或缺货）成本四部分。

5. 采购价格折扣包括数量折扣、现金折扣、__________等。

6. 采购成本控制的方法包括 ABC 控制法、定期采购控制法、__________。

7. 完全竞争市场的特点是市场上的产品__________，市场上有许多生产者和消费者。

8. 采购价格的确定方式包括报价采购、招标采购、__________等。

9. 采购成本控制的策略包括集中采购、联合采购、__________、网上采购、标准化采购。

10. 学习曲线的基本概念是随着产品的累计产量增加，单位产品的成本会以一定的比例__________。

二、单项选择题

1. 采购成本是指（　　）。

A. 买价　　B. 买价、运杂费及相关采购成本

C. 采购人员的工资费用　　D. 订购费用

2. 以下不属于采购成本的是（　　）。

A. 购买价款　　B. 广告营销费用

C. 运输费　　D. 相关税费

3. 成本加成定价法是在产品的（　　）上加一个标准的加成来确定价格的方法。

A. 利润　　B. 制造费用

C. 人工　　D. 成本

4. 采购经济批量是指在保证生产经营需要的前提下能使全年材料相关（　　）最低的采购批量。

A. 总成本　　B. 总收益

C. 总数量　　D. 总购买

5. 对 ABC 分类控制管理模型中的价值、销量均适中的物资应进行（　　）。

A. 重点管理　　B. 强化管理

C. 放任管理　　D. 常规管理

6. 采购过程中发生的订购成本主要包括（　　）。

① 取得商品和物料的费用、订购业务费用

② 因采购而带来的库存维持成本

③ 采购不及时带来的缺料成本

A. ①②　　B. ①③

C. ②③　　D. ①②③

7. 控制采购成本的有效策略包括（　　）。

A. 集中采购策略　　B. 联合采购策略

C. 第三方采购策略　　D. 以上都包括

8. 关于第三方采购策略，下面说法正确的是（　　）。

A. 它是将企业产品和服务采购外包给第三方

B. 它适用于特殊品

C. 在一定程度上它可以提供更多的价值和购买经验

D. 以上答案都正确

9. （　　）是影响价格最根本、最直接的因素。

A. 付款条件　　B. 采购数量

C. 采购物品的供需关系　　D. 供应商成本的高低

10. ABC 控制法中高值产品占产品价值比重的（　　）。

A. 60%~70%　　B. 70%~80%

C. 50%~60%　　D. 80%~90%

11. 完全竞争市场的特点是（　　）。

A. 产品有差异　　B. 市场上有许多生产者和消费者

C. 一个厂商控制整个市场　　D. 产品价格由单个厂商决定

12. 采购价格的确定方法不包括（　　）。
A. 通过市场调查确定　B. 通过供应商报价确定
C. 通过政府规定确定　D. 通过采购谈判确定

13. 采购成本管理的意义不包括（　　）。
A. 降低企业成本　B. 提高企业利润
C. 增加企业工作量　D. 提升企业竞争力

14. 以下不属于采购价格折扣的类型是（　　）。
A. 数量折扣　B. 现金折扣
C. 季节折扣　D. 服务折扣

15. 供应商的定价方法不包括（　　）。
A. 直接人工　B. 销售成本
C. 制造费用　D. 直接材料

16. （　　）不需要对供应商成本价格进行分析。
A. 供应商单一时　B. 无法确认供应商报价合理时
C. 新材料无采购经验时　D. 市场价格透明时

17. 价格信息收集不可以采用（　　）。
A. 上游法　B. 下游法
C. 水平法　D. 直接询问

18. （　　）不是日常采购活动中主要的采购价格折扣。
A. 数量折扣　B. 现金折扣
C. 季节折扣　D. 服务折扣

19. （　　）不是价格信息收集渠道。
A. 杂志、报纸等媒体　B. 信息网络或产业调查服务
C. 参观展览会或参加研讨会　D. 通过社交媒体

20. 成本导向定价法不包括（　　）。
A. 完全成本导向定价法　B. 边际成本导向定价法
C. 需求成本导向定价法　D. 目标成本导向定价法

三、多项选择题

1. 采购成本的内容包括（　　）。
A. 存货的购买价款　B. 其他可归属于存货采购成本的费用
C. 企业资金成本　D. 存货的相关税费

2. 控制采购成本的主要途径有（　　）。
A. 估算供应商的产品或服务成本　B. 建立严格的采购制度途径
C. 确定合适的采购批量　D. 基于采购环境分析的成本控制途径

3. 供应商的定价方法有（　　）。

A. 直接人工　　B. 销售成本

C. 制造费用　　D. 直接材料

4. 下列影响采购价格的因素的有（　　）。

A. 供应商成本的高低　　B. 规格与品质

C. 采购数量　　D. 交货条件

5. 当出现以下（　　）情况时，应该对供应商成本价格进行分析。

A. 供应商单一时　　B. 无法确认供应商报价合理时

C. 新材料无采购经验时　　D. 底价难以确认时

6. 采购价格信息搜集的方式有（　　）。

A. 上游法　　B. 下游法

C. 水平法　　D. 中间法

7. 日常采购活动中主要的采购价格折扣有（　　）。

A. 数量折扣　　B. 现金折扣

C. 季节折扣　　D. 交易折扣

8. 价格信息搜集渠道通常有（　　）。

A. 杂志、报纸等媒体　　B. 信息网络或产业调查服务

C. 参观展览会或参加研讨会　　D. 加入协会或工会

9. 购入成本包括（　　）。

A. 采购价格　　B. 运费

C. 请购手续费用　　D. 采购入库费用

10. 成本导向定价法主要包括（　　）。

A. 完全成本导向定价法　　B. 边际成本导向定价法

C. 需求成本导向定价法　　D. 目标成本导向定价法

四、判断题

1. 定期订货法的主要缺点是安全库存量比定量订货法高。（　　）

2. 采购成本是指企业为原材料、配套件、外协件而发生的相关费用。（　　）

3. 出厂价指供应商的报价包括运送责任。（　　）

4. 降低成本和价格实际上是每一个谈判的目标。（　　）

5. 适当的价格就不是采购的最低价格。（　　）

6. 定期采购控制法适用于品种数量大、占用资金较少的商品的采购成本控制。（　　）

7. 产品数量是影响价格最根本、最直接的因素。（　　）

8. 在对采购价格进行确定时需要进行市场分析。（　　）

9. 谈判协议是价格确定过程中最简单，也是成本最低的一种方法。　　（　　）

10. 订购成本是指企业为了完成某次采购而进行的各种活动的费用。　　（　　）

五、简答题

1. 影响采购价格的因素有哪些？

2. 试述采购成本的构成。

3. 影响采购成本的因素有哪些？

4. 简述降低采购成本的途径。

5. 什么是 ABC 分析法？简要说明 ABC 分类法的分类标准。

6. 采购价格折扣有哪些类型？

7. 完全竞争市场的特点是什么？

8. 控制采购价格有哪些途径？

9. 采购成本控制的方法有哪些？

10. 如何理解采购成本的广义和狭义定义？

专业运用能力训练

一、案例分析题

案例一

2020年以来，山东钢铁控股集团有限公司（以下简称“山钢集团”）推行了“互联网+大数据”新型采购模式，实现了部分标准性物资的便捷采购，采购体验如同淘宝购物一般。这是山钢集团与阿里巴巴的首次合作尝试。

据介绍，山钢集团阳光购销管理平台与阿里巴巴1688大企业采购平台进行数据对接，采购标准性物资时只需要输入招标要求就可通过阿里巴巴的大数据分析将招标信息精准推送给若干供应商，供应商根据情况进行投标报价。

山钢集团采购部门综合考虑供应商的资质、报价、交付等情况，开标选定供应商，实现最优采购。这种采购模式可以共享企业间大数据资源，充分运用数据资产，而且采购运作阳光、规范、公平，使供需双方的合作更高效、更经济。

“互联网+大数据”的采购模式最终形成内外供应链协作体，达成保障企业供应、降低采购成本、提高采购产品质量、提高供应商服务质量的目的。自当年4月份推行该采购模式以来，山钢集团已累计进行了20余次电商寻源采购，初步统计显示，相比原有招标模式，采购成本降低了15%以上。

思考：

山钢集团在采购过程中是如何降低成本的？

案例二

背景：某生产婴儿食品的大型公司过去每年在采购方面的开支接近8亿美元。由于处于高利润行业，公司过去对采购成本的管理并不重视。然而，随着经济下行和市场增速放缓，公司意识到需要通过更有效的采购管理来维持利润水平。

问题分析：

（1）谈判效率低，对供应商成本结构研究不足。

（2）采购经理习惯于从单一供应商外购买，缺乏多元化的选择。

（3）缺乏对竞争对手采购成本的比较、分析。

改进措施：

（1）设定商品优先次序：进行成本、收益统计，运用6个西格玛指标与竞争对手进行比较。

（2）优化材料设计：减少不必要的包装材料厚度和数量，延长标签印刷周期。

（3）建立积极谈判方式：深入分析供应商成本结构，寻找成本更低的供应商。

（4）加强跨部门合作：加强营销和采购部门的合作和管理，以便更系统地评估成本和收益。

结果：

通过实施上述措施，公司成功地降低了采购成本，并提高了整体运营效率。

思考：

结合本案例，谈谈如何在高利润行业中实现有效的采购成本管理，以应对经济下行和市场增速放缓的挑战。

案例三

创立于2017年的“霸王茶姬”，源自云南昆明，是一个专注于现制茶饮的品牌。凭借其独特的口感和创意，它在茶饮市场中脱颖而出。

霸王茶姬的价格带定位在15—20元，这是经过深思熟虑的决策。在这个价位区间内，霸王茶姬的客群基数虽然不及15元以下的大众市场庞大，但足以支撑其在中国市场的长远发展。

更重要的是，这个价格区间赋予了霸王茶姬充足的利润空间，使其能够像星巴克一样，为顾客提供优质的社交空间体验。

这种定价策略的背后，是霸王茶姬对市场需求的精准把握。他们明白，随着消费者对品质生活的追求越来越高，愿意为高品质产品和服务买单的顾客越来越多。因此，霸王茶姬通过提供高于市场平均水平的品质和服务，成功吸引了这部分消费者的目光。

在竞争激烈的茶饮市场中，霸王茶姬以其独特的定价策略，成功地在中端价位区间内立足，并计划在中国市场实现万店规模。其“先定价再定价值”的商业逻辑，为我们揭示了茶饮品牌成长的秘密。

思考：

霸王茶姬是如何通过其定价策略在中端茶饮市场中确保利润空间并吸引目标消费者群体的？

二、能力训练题

1. 随着中国逐步融入全球制造体系，我国企业面临的竞争越来越激烈。研究显示，制造行业原材料和服务的采购成本占到了总成本的50%～80%，采购成本已成为企业成本的最大组成部分，采购成本控制的重要性及紧迫性日益显著。

为了更深入地了解中小企业采购成本的构成，以及当前中小企业在采购成本管理与控制中存在的问题。同学们调查了某中小企业采购成本的构成，了解了企业采购成本管理现状，发现了企业在采购成本管理中存在的问题，并提出自己的意见及建议。请完成表4-1。

表4-1　分析报告评价表

<table>
<tr><td>班级</td><td></td><td>小组</td><td colspan="2"></td><td>日期</td><td>年　月　日</td></tr>
<tr><td>序号</td><td colspan="3">评价要点</td><td>标准分</td><td>得分</td><td>总评</td></tr>
<tr><td>1</td><td colspan="3">采购成本的构成</td><td>25</td><td></td><td rowspan="3"></td></tr>
<tr><td>2</td><td colspan="3">采购成本管理现状</td><td>20</td><td></td></tr>
<tr><td>3</td><td colspan="3">采购成本管理中存在的问题</td><td>30</td><td></td></tr>
<tr><td>4</td><td colspan="3">意见及建议</td><td>25</td><td></td><td></td></tr>
</table>

2. 某学校计划为新入学的学生采购一批秋季校服，现需要对采购价格进行调研。

要求：

（1）每个小组人数为 4—5 人，通过各种方式获得价格信息，进行价格调查，能够提出合适的采购策略。

（2）对所调研的校服品牌、数量、价格、促销活动等方面的资料进行调研并做好记录。

（3）各小组对收集的信息进行分析、整理和讨论。

（4）根据所调研的信息，撰写一份调查报告评价表（表 4-2）。

表 4-2　调查报告评价表

<table>
<tr><td>班级</td><td></td><td>小组</td><td colspan="2"></td><td>日期</td><td>年　月　日</td></tr>
<tr><td>序号</td><td colspan="3">评价要点</td><td>标准分</td><td>得分</td><td>总评</td></tr>
<tr><td>1</td><td colspan="3">内容和材料的翔实性</td><td>30</td><td></td><td rowspan="3"></td></tr>
<tr><td>2</td><td colspan="3">结构的严密性、逻辑性</td><td>30</td><td></td></tr>
<tr><td>3</td><td colspan="3">结论有无提出采购策略</td><td>25</td><td></td></tr>
<tr><td>4</td><td colspan="3">语言的表述和字数的要求</td><td>15</td><td></td><td></td></tr>
</table>

项目五

供应商选择与管理

知识认知能力训练

一、填空题

1. 供应商既可以是__________企业，也可以是__________企业。

2. 供应商管理的目的就是建立一支________________________，为企业生产提供可靠的物资供应。

3. 在__________________的基础上，选定合适的供应商。

4. 供应商管理的首要工作就是_______________________________。

5. __________也是供应商管理的目的，也是供应商管理中最重要的工作。

6. 产品的使用价值是以__________为基础的。

7. 供应商选择的方法有很多，其中__________是一种主观性较强的判断方法。

8. 供应商__________关系是一种长期的、相对稳定的依存关系，采供双方诚信、公开、公平地进行合作。

9. __________是指一般意义上的正向强化、正向激励，是鼓励人们采取某种行为。

10. 有意识地在供应商之间引入__________，促使供应商在产品质量、服务质量和价格水平方面不断优化。

二、单项选择题

1. 在供应商选择过程中，评估供应商的关键因素不包括（　　）。

　A. 价格　　B. 质量

　C. 交货时间　　D. 供应商的社会责任

2. 在供应商管理中，供应商关系管理（SRM）的目标不包括（　　）。

　A. 提高供应链效率　　B. 降低成本

　C. 增加供应商数量　　D. 增强供应链的透明度

3.（　　）不是供应商绩效评估的常用指标。

A. 准时交货率　　B. 产品合格率

C. 订单处理时间　　D. 供应商的市场份额

4. 在供应商管理中，下列术语（　　）不是指供应商的分类。

A. 战略供应商　　B. 杠杆供应商

C. 瓶颈供应商　　D. 供应链

5. 在供应商选择过程中，供应商能力评估的内容不包括（　　）。

A. 生产能力　　B. 技术能力

C. 价格谈判能力　　D. 质量控制能力

6.（　　）不是供应商关系管理（SRM）的关键组成部分。

A. 供应商选择　　B. 供应商发展

C. 供应商绩效管理　　D. 供应商的竞争对手分析

7. 在供应商管理中，（　　）不是供应商合作的潜在优势。

A. 成本降低　　B. 风险分散

C. 产品多样化　　D. 供应商独立性增强

8. 供应商合同管理的关键要素不包括（　　）。

A. 价格条款　　B. 交货期限

C. 质量标准　　D. 供应商的内部管理流程

9. 在供应商绩效评估中，常用的绩效指标不包括（　　）。

A. 订单履行率　　B. 库存周转率

C. 交货周期　　D. 供应商的员工满意度

10. 在供应商管理中，供应商发展的目的不包括（　　）。

A. 提高供应商的竞争力　　B. 增强供应商的创新能力

C. 减少供应商的数量　　D. 建立长期合作关系

11.（　　）不是供应商合作的潜在风险。

A. 依赖性增强　　B. 信息泄露

C. 成本降低　　D. 供应链中断

12. 供应商绩效评估的常见方法不包括（　　）。

A. 定性分析　　B. 定量分析

C. 综合评分法　　D. 单一指标法

13. 选择供应商的正确步骤为（　　）。

① 供应商参与　　② 确立供应商选择目标

③ 成立供应商评选小组　　④ 评选供应商

⑤ 分析市场竞争环境　　⑥ 建立供应商评选标准

⑦ 实施供应合作关系

A. ③⑤②①⑥④⑦　　B. ③⑤②⑥①④⑦
C. ②③⑤⑥①④⑦　　D. ②③⑤①⑥④⑦

14. 资源市场调查时要了解掌握整个资源市场的基本情况，以下不属于资源市场调查内容的是（　　）。
A. 各个供应商的情况　　B. 资源市场环境
C. 资源市场规模　　D. 单个企业规模

15.（　　）是指对经过初步调查后准备发展为自己的供应商的企业进行更加深入仔细的考察活动。
A. 资源市场调查　　B. 供应商初步调查
C. 供应商深入调查　　D. 供应商全面调查

16. 为了提高产品的竞争力，企业就必须发展柔性生产能力，而这种能力是以供应商的（　　）为基础的。
A. 产品质量　　B. 交货准时性
C. 品种柔性　　D. 设计能力

17.（　　）是指在对供应商进行充分了解的基础上，再进行认真考核、分析比较而选择供应商的一种方法。
A. 直观判断法　　B. 考核选择法
C. 招标选择法　　D. 协商选择法

18.（　　）不属于采用招标选择供应商时的要求。
A. 公开　　B. 公正
C. 择优　　D. 协商

19.（　　）不属于供应商合作伙伴关系的特点。
A. 知识共享　　B. 准时交货
C. 信息不对称　　D. 高度信任

20. 下列激励方式中，（　　）属于负激励。
A. 价格激励　　B. 组织激励
C. 订单激励　　D. 淘汰激励

三、多项选择题

1. 供应商调查在不同阶段有不同要求，一般可以分为（　　）三种。
A. 供应商初步调查　　B. 资源市场调查
C. 供应商深入调查　　D. 供应商全面调查

2. 供应商选择的原则主要包括（　　）。
A. 目标定位　　B. 优势互补
C. 择优录取　　D. 共同发展

3. 下列属于影响供应商选择的因素是（　　）。

A. 价格　　B. 质量

C. 交货准时性　　D. 品种柔性

E. 设计能力

4. 在供应商关系管理（SRM）中，（　　）策略有助于建立和维护良好的供应商关系。

A. 定期沟通　　B. 共享市场信息

C. 联合产品开发　　D. 供应商培训与发展

E. 绩效反馈与改进

5. 供应商合同管理中，属于重要条款的是（　　）。

A. 价格条款　　B. 质量标准

C. 交货期限　　D. 违约责任

E. 保密协议

6. 供应商退出策略中，（　　）措施有助于平滑过渡。

A. 提前通知　　B. 逐步减少订单量

C. 协助寻找替代供应商　　D. 完成现有合同义务

E. 进行退出后评估

7. 供应商合作的潜在优势包括（　　）。

A. 降低采购成本　　B. 提高市场响应速度

C. 增强产品创新能力　　D. 分散供应链风险

E. 改善客户服务质量

8. 在供应商绩效评估中，（　　）属于常用的绩效指标。

A. 订单履行率　　B. 库存周转率

C. 交货周期　　D. 配合度

9. 企业与供应商合作过程中，常用的激励方式有（　　）。

A. 价格激励　　B. 商誉激励

C. 淘汰激励　　D. 信息激励

10. 属于供应商关系管理的意义的是（　　）。

A. 降低成本　　B. 增加风险

C. 规模经济　　D. 优势互补

E. 提高客户满意度

四、判断题

1. 供应商选择过程中，价格是唯一的决定因素。（　　）

2. 供应商的地理位置对于供应链的成本和效率没有影响。（　　）

3. 供应商绩效评估只关注产品质量，而不需要考虑交货时间和服务水平。（　　）

4. 建立长期合作关系可以降低供应商管理的复杂性和成本。（　　）

5. 供应商退出策略只关注如何终止合作关系，不考虑对供应链的影响。（　　）

6. 供应商风险管理只包括识别潜在风险，不涉及风险的预防和缓解。（　　）

7. 供应商的技术创新能力不是评估其长期合作潜力的重要因素。（　　）

8. 供应商的社会责任和环境标准在现代供应链管理中越来越受到重视。（　　）

9. 供应商合同管理只涉及合同的签订，不包括合同的执行和监督。（　　）

10. 供应商合作可以提高供应链的灵活性和适应市场变化的能力。（　　）

五、简答题

1. 简述供应商深入调查的时机。

2. 影响供应商选择的因素有哪些？

3. 简述有效的供应链综合评估体系的内容。

4. 企业实施供应商关系管理有哪些好处？

5. 简述双赢供应关系下的采购策略表现。

6. 常见的供应商激励方式有哪些？

专业运用能力训练

一、案例分析题

案例一

Z公司是一家电子产品制造商，主要生产智能手机和平板电脑。随着市场竞争的日益激烈和技术的快速发展，Z公司意识到需要对其供应商进行全面的评估与优化，以提高产品的竞争力并确保供应链的稳定性和灵活性。

Z公司成立于2005年，总部位于中国深圳。公司专注于消费电子产品的研发、生产和销售，主要产品线包括智能手机和平板电脑。近年来，随着消费者对产品质量和技术创新的要求不断提高，Z公司面临着前所未有的挑战。

目前，Z公司的供应链体系包括多个国内外供应商，涉及电子元器件、屏幕组件、电池、外壳材料等多个领域。然而，最近的一次内部审计显示，现有的供应链体系存在一些问题，包括但不限于产品质量不稳定、交货延迟及成本控制困难等问题。这些问题不仅影响了产品的上市时间，还引发了一些质量问题和客户投诉。为了应对这些挑战，Z公司决定采取一系列措施来改善供应商管理。

（1）供应商评估与筛选：重新评估现有供应商的表现，并寻找新的潜在供应商来补充或替换表现不佳的供应商。

（2）供应链优化：通过改进供应链管理流程，提高供应链的整体效率。

（3）风险管理：识别潜在的风险因素，并制定相应的风险管理策略。

（4）长期合作策略：建立长期稳定的合作伙伴关系，以确保供应链的持续优化和发展。

思考：

1. Z公司在选择新供应商时应考虑哪些关键因素？请列举至少五个因素，并简要说明理由。

2. Z公司应该如何定期评估现有供应商的表现？请提出一套评估机制，并解释其操作流程。

3. Z公司如何通过建立长期合作关系来优化其供应链？请提出至少三个建议措施。

案例二

华为作为全球领先的信息与通信技术（ICT）解决方案提供商，在全球范围内拥有广泛的供应链网络。随着业务的持续扩展和技术的不断进步，华为需要确保其供应链能够满足高质量、高效率的要求，并且能够在复杂的国际环境下保持稳定性和可持续性。因此，华为在选择供应商时有一套严格的标准和流程。

华为倾向于与供应商建立长期稳定的合作关系，以实现双赢的局面。这种合作模式有助于确保供应链的稳定性，并鼓励供应商进行持续的技术创新和改进。华为要求其供应商遵守高标准的社会责任规范，如遵守劳工权益、环境保护等方面的要求。同时，它对供应商的产品质量也有严格的要求，并且会定期进行质量审计和检查。此外，华为可能还会与供应商合作开发新技术或新产品，共同推动行业进步。

假设你是华为供应链管理部门的一名经理，负责评估并选择新的芯片供应商。最近，华为的技术研发团队提出了一项新的需求，即需要一种高性能的 AI 处理器来支持下一代智能手机的开发。市场上有两家潜在的供应商可供考虑：

供应商 A：国际知名半导体公司，拥有成熟的产品线和良好的市场声誉；技术实力雄厚，研发投入大，但价格相对较高；由于国际政治因素，可能会受到贸易限制的影响。

供应商 B：新兴的国内半导体企业，具有较高的性价比；虽然成立时间较短，但成长迅速，已获得多项技术创新奖项；相对于供应商 A 来说，品牌知名度较低，市场占有率也较低。

思考：

1. 请列出选择供应商的主要评估标准，并解释为什么这些标准对于华为来说是重要的。

2. 基于上述标准，对比分析两家供应商的优势与劣势，并给出你认为更合适的供应商选择建议。

3. 为了确保供应链的稳定性和可持续性，你会采取哪些措施促进与所选供应商之间的长期合作关系？

案例三

绿途科技是一家专注于环保材料研发与生产的高新技术企业，致力于为全球客户提供低碳、环保的产品解决方案。随着全球环境保护意识的日益提高，绿途科技意识到，要实现真正的绿色生产，必须从源头抓起，即优化供应链管理。然而，在审查其供应链时，绿途科技发现部分原材料供应商在环境保护和社会责任方面存在不足，这可能会影响公司整体的可持续发展目标。

为了应对这一挑战，绿途科技决定采取一系列措施来帮助这些供应商成长并实现供应链的可持续性。这些措施包括提供培训与教育、技术支持、财务激励及定期评估等。

思考：

1. 绿途科技为什么要帮助供应商提升环保和社会责任表现？

2. 绿途科技采取了哪些具体措施来帮助供应商成长？

3. 这些措施带来了哪些正面的影响？请列举至少三个方面的正面影响。

4. 在实施这些措施的过程中可能会遇到哪些挑战？绿途科技应该如何克服这些挑战？

二、能力训练题

（一）背景介绍

智能科技有限公司是一家专注于高端消费电子产品的研发与制造的高科技企业，产品涵盖智能手机、平板电脑、智能家居设备等。为了保证产品质量和供应链的稳定性，公司决定采用考核选择法来挑选优质的供应商。假设你是智能科技有限公司的电子产品制造公司的采购经理，请你运用考核选择法选择合适的电子元件供应商，并设计一套有效的供应商选择策略。

（二）数据资料

➢ 供应商 A：

- 成立于 2010 年，位于亚洲。
- 主要生产电子元件，如集成电路和电阻器。
- 通过 ISO9001 质量管理体系认证。
- 年销售额约为 5 000 万美元。
- 平均交货时间为 2 周。
- 技术创新能力较强，每年推出新产品线。

➢ 供应商 B：

- 成立于 2005 年，位于欧洲。
- 生产各种电子元件，拥有完整的生产线。
- 通过 ISO14001 环境管理体系认证。
- 年销售额约为 8 000 万美元。
- 平均交货时间为 3 周。
- 服务质量高，客户满意度达 95%以上。

➢ 供应商 C：

- 成立于 2015 年，位于北美。
- 专注于定制电子元件的设计与生产。
- 通过 ISO9001 和 ISO14001 双重认证。
- 年销售额约为 6 000 万美元。
- 平均交货时间为 1 周。
- 技术支持能力强，能快速响应客户需求。

要求：

1. 编写一份报告，详细描述你的供应商选择策略。

2. 根据提供的数据资料，完成供应商分析，并推荐一家最佳供应商。小组成员分工合作，收集资料、制作 PPT，并进行汇报，由老师、同学点评。

3. 完成成果展示评价表（表 5-1）。

表 5-1 成果展示评价表

班级		小组		日期	年 月 日
序号	评价要点		标准分	得分	总评
1	PPT 效果		30		
2	成果完整，结论全部正确并按时完成		30		
3	发言人思路清晰，语言通顺		40		

项目六

采购实施

知识认知能力训练

一、填空题

1. ____________采购模式，即由一个专门的政府采购机构负责本级政府的全部采购任务。

2. 采购的资金来源具有显著的公共性，____________是其重要组成部分。

3. 政府采购程序在________、________和________等方面都有着严格的规范要求。

4. 政府采购的第一步是____________。

5. 根据招标范围，可将招标采购方式统一规范为____________和____________。

6. 在招标采购过程中，开标之后的步骤是__________________。

7. 在正式组织招标以前，需要对供应商的资格和能力进行预先审查，即__________________。

8. ________________是由采购方发起的一种采购行为，是一种不见面的网上交易，如网上招标、网上竞标、网上谈判等。

9. ____________________又称为 JIT 采购，它是由准时化生产（Just In Time）管理思想演变而来的。

10. ____________________是指要在采购谈判之前弄清楚企业需求是什么、需求多少、需求时间，最好能够列出企业物料需求分析清单。

二、单项选择题

1. 各级政府为了开展日常政务活动或为公众提供服务，在财政的监督下，以法定的方式、方法和程序，通过公开招标、公平竞争，由财政部门以直接向供应商付款的方式，从国内外市场上为政府部门或所属团体购买货物、工程和劳务的行为，指的是（　　）。

A. 招标采购　　B. 政府采购
C. 询价采购　　D. 电子采购

2. 某地区的特殊文化艺术品采购项目可采用（　　）方式。

A. 邀请招标　　B. 竞争性招标
C. 谈判招标　　D. 询价招标

3. 通过强化预算约束、明确采购方式和加大依法处罚力度等措施，加强政府采购管理，实现了资金的有效节约，属于政府采购的特点的是（　　）。

A. 公开性　　B. 影响力大
C. 规范性　　D. 政策性

4. 政府采购的（　　）特点充分体现了政府在履行职能、提供公共服务及推动经济社会发展等方面的多样化需求。

A. 公开性　　B. 对象广泛性
C. 主体特定性　　D. 政策性

5. 以下不属于政府采购的缺点的是（　　）。

A. 程序复杂　　B. 灵活性不足
C. 不公开性　　D. 成本较高

6. 根据评标结果，确定中标或成交供应商的后面一步是（　　）。

A. 签订合同　　B. 履行合同
C. 支付款项　　D. 归档与总结

7. 招标人（政府采购中心或其委托的中介机构）在媒体上公开刊登通告，吸引所有有兴趣的供应人参加投标，并按本细则的程序选定中标人的采购方式，是指（　　）。

A. 公开招标采购　　B. 邀请招标采购
C. 询价采购　　D. JIT 采购

8. 邀请招标又称为（　　）。

A. 公开招标　　B. 竞争性招标
C. 选择性招标　　D. 谈判招标

9. 下列说法错误的是（　　）。

A. 邀请招标缺乏平等竞争的条件，会给一些条件优越的新兴供应商造成投标困难
B. 邀请招标适合技术复杂或专门性的货物、工程或服务
C. 公开招标减少腐败现象的发生
D. 邀请招标的投标有效期很长

10. 资格预审的正确程序是（　　）。

A. 编制资格预审文件—邀请潜在的供应商参加资格预审—发售资格预审文

件和提交资格预审申请—资格评定，确定参加投标的供应商名单

B. 邀请潜在的供应商参加资格预审—发售资格预审文件和提交资格预审申请—资格评定，确定参加投标的供应商名单—编制资格预审文件

C. 编制资格预审文件—发售资格预审文件和提交资格预审申请—邀请潜在的供应商参加资格预审—资格评定，确定参加投标的供应商名单

D. 发售资格预审文件和提交资格预审申请—资格评定，确定参加投标的供应商名单—编制资格预审文件—邀请潜在的供应商参加资格预审

11. 招标文件的第一部分是（　　）。

A. 关于投标文件的评审标准和方法

B. 关于编写和提交投标文件的规定

C. 关于合同的主要条款，其中主要是商务性条款

D. 投标文件格式

12. 以下属于招标采购合同条款的特殊条款的是（　　）。

A. 买卖双方的权利和义务

B. 不可抗力因素

C. 零配件和售后服务的具体要求

D. 合同终止程序

13. 询价采购是指询价小组根据采购需求，从符合相应资格条件的供应商名单中确定不少于（　　）家的供应商向其发出询价单让其报价，由供应商一次报出不得更改的报价，然后询价小组在报价的基础上进行比较，并确定最优供应商的一种采购方式。

A. 2　　B. 3

C. 4　　D. 5

14. 下列不属于询价采购优点的是（　　）。

A. 操作简单　　B. 成本较低

C. 效率较高　　D. 透明度高

15. 航天、汽车、零售等行业更适合（　　）。

A. 买方电子采购模式　　B. 卖方电子采购模式

C. 第三方电子采购模式

16. 汽车、电子等行业的采购一般采用（　　）。

A. 政府采购　　B. JIT 采购

C. 招标采购

17. JIT 采购使企业实现了需要什么物资，就能供给什么样的物资，什么时间要就能什么时间供应，需要多少就能供给多少。这体现了 JIT 采购的（　　）特点。

A. 提高质量　　B. 柔性生产

C. 减少库存　　D. 降低成本

18. 下列（　　）更适合 JIT 采购。

A. 汽车制造业　　B. 零售业

C. 房产　　D. 煤炭

19. 采购谈判的程序包括（　　）。

A. 询盘、还盘、接受、成交签约

B. 询盘、发盘、接受、成交签约

C. 询盘、发盘、还盘、接受、成交签约

D. 询盘、发盘、还盘、成交签约

20. 在己方所在地进行谈判的优势是（　　）。

A. 省去了作为东道主所必须承担的繁杂工作

B. 某些信息的传递、资料的获取比较困难，某些重要问题也不易及时与领导磋商

C. 被动接受场所和议程的安排

D. 可以利用现场展示的方法向对方说明己方产品水平和服务质量

21. 某一个省级政府机构在政府采购工作开展的过程当中，将预定的采购预算额度设定为 35 万元，货物公开招标的预算额度为 90 万元。该公司的一个企业想要采购一台自动打包机器人，预算总额为 45 万元，机器人的作业活动是比较烦琐和复杂的，因此此项采购活动突出的特点就是对供应商的技术能力提出了较高的要求。综合来看，该单位更适宜选择（　　）的采购方式。

A. 公开招标　　B. 邀请招标

C. 集中采购　　D. 询价采购

22. 某市级政府组织拟投资 5 万—500 万元用于修建市政管网工程，其中建造价格拟定为 55 万元。工程建造的采购方式主要应该是以（　　）采购方式为主。

A. 公开招标　　B. 邀请招标

C. 集中采购　　D. 询价采购

23. 邀请招标由采购人根据供应商或承包商的资信和业绩，选择一定数目的法人或其他组织，不能少于（　　）家，向其发出投标邀请书，邀请他们参加投标竞争，从中选定中标供应商的一种采购方式。

A. 1　　B. 2

C. 3　　D. 4

24. 下列不属于招标文件编制原则的是（　　）。

A. 遵守法律法规　　B. 反映采购单位的需求

C. 公正合理　　D. 反映供应商的需求

25. 招标采购是指采购方作为招标方，事先提出采购的条件和要求，邀请(　　)企业参加投标，然后由采购方按照规定的程序和标准一次性地从中择优选择交易对

象，并与提出最有利条件的投标方签订协议的过程。

A. 单一　　B. 两个

C. 五个　　D. 众多

三、多项选择题

1. 政府采购的组织形式主要有（　　）。

A. 集中采购　　B. 分散采购

C. 半集中半分散采购

2. 询价采购需要注意防范的风险有（　　）。

A. 价格风险　　B. 采购机构的道德风险

C. 询价流程的失范风险　　D. 供应商履约风险

3. 政府采购的主体具有明确的特定性，通常为各级政府及其所属机构。具体来说，主要包括（　　）。

A. 国家机关　　B. 事业单位

C. 私营企业　　D. 团体组织

4. 政府采购对象的范围极为广泛，涵盖了（　　）。

A. 货物　　B. 工程

C. 服务

5. 以下属于政府采购的优点的是（　　）。

A. 促进公平竞争　　B. 提高资金使用效益

C. 保障公共利益　　D. 调节经济运行、促进社会进步

6. 若要公开招标采购，需要符合的条件是（　　）。

A. 合同价值五万元以上的物资

B. 合同价值五十万元以上的工程

C. 合同价值五万元以上的服务

D. 采购目录中规定应当集中采购而未达到上述标准的项目

7. 电子采购的缺点主要包括（　　）。

A. 支付烦琐　　B. 隐私问题

C. 体验问题　　D. 欺诈问题

8. 电子采购模式有（　　）。

A. 买方电子采购模式　　B. 卖方电子采购模式

C. 第三方电子采购模式

9. 分析采购物品及供应商情况要综合考虑的因素是（　　）。

A. 原料及零部件采购周期、年采购量（额）、物品的重要性

B. 供应商生产周期、供货频率、库存水平、合作态度及地理位置

C. 物品供应周期、包装及运输方式、储存条件及存放周期

D. 企业的现有供应商的管理水平，供应商参与改进的积极性

10. 入题技巧包括（　　）。

A. 迂回入题　　B. 先细节后原则

C. 先原则后细节　　D. 具体议题入手

11. JIT 采购的意义有（　　）。

A. 可以大幅减少原材料与外购件的库存

B. 可以保证原材料与外购件的质量

C. 它的采购送货是直接送到需求点上

D. 由于稳定的规模采购降低了原材料与外购件的价格

12. 看板的作用有（　　）。

A. 传递信息，统一认识　　B. 帮助管理，防微杜渐

C. 强势宣导，形成改善意识　　D. 褒优贬劣，营造竞争的氛围

四、判断题

1. 能否降低在采购过程中所花费的成本，降低采购的风险，依赖于采购方式的选择。（　　）

2. 招标采购已成为各国政府经常使用的一种宏观经济调控手段。（　　）

3. 《政府采购法》规定，政府采购应当采购本国货物、工程和服务，但在特定情形除外。（　　）

4. 政府采购不需要考虑环境问题。（　　）

5. 不得将投标人的注册地、纳税地、所有制形式等作为资格要求或评审因素。（　　）

6. 招标采购的范围包含服务包括货物、服务和工程。（　　）

7. 电子采购通常可以选择到更优秀的供应商，更加物美价廉，质量更加可靠的原材料、零部件、商品与服务等，在很大程度上极大地提高了采购的质量。（　　）

8. 准时制采购可以保证原材料与外购件的质量。（　　）

9. 采购谈判出现分歧时应据理力争，直接提出否定意见。（　　）

10. 针对提问者的真实想法答复，若对方问题模棱两可，含糊其词，先得探明其真实心理，然后巧妙作答。（　　）

11. 企业进行招标采购的基本目标就是为了实现采购成本开支的最低，为企业盈利能力的提升打下基础。（　　）

12. JIT 的基本思想是把合适的数量、合适质量的物品、在合适的时间供应到合适的地点，最好地满足用户需要。（　　）

13. 采购谈判可以只为了己方的利益，不管他方利益。（　　）

14. 编制招标文件属于招标准备环节。 （　　）

15. 评标可以用打分法。 （　　）

16. 招标采购是一种比较常见的采购模式，招标采购的实施必须本着公开、公正的基本原则，充分保障各方主体的合法利益。 （　　）

17. 对方最关心的是价格问题，而你方最关心的是交货问题。这时可以采用避实就虚策略。 （　　）

18. 现场改善是看板最基本的功能。 （　　）

19. 在第三地谈判只对采购方有利。 （　　）

20. 采购谈判时在主要问题上能不让步就不让步，在较为次要的问题上，根据情况，己方可考虑先让步。 （　　）

五、简答题

1. 政府采购的特点有哪些？

2. 什么是招标采购？招标文件的编制应遵守哪些原则？

3. 招标采购与政府采购的区别有哪些？

4. 什么是电子采购？电子采购的优缺点主要有哪些？

5. 采购谈判中有哪些议价技巧？

专业运用能力训练

一、案例分析题

案例一

某城市的公立学校需要进行校园信息化建设，建设内容包括网络设备升级、多媒体教学系统安装等。项目预算为500万元。

招标流程：

1. 制订招标计划

(1) 明确项目需求和技术规格。

(2) 确定招标方式为公开招标。

2. 编制招标文件

(1) 详细描述项目要求、技术标准、投标文件格式等。

(2) 制定评标标准，包括技术方案、价格、实施经验、售后服务等方面的权重。

3. 发布招标公告

在政府采购网、学校官网等平台发布招标公告，公告内容涵盖项目概况、投标人资格要求、获取招标文件的时间和方式等信息。

4. 潜在供应商获取招标文件

多家信息技术公司购买了招标文件。

5. 供应商准备投标文件

各供应商根据招标文件要求，准备技术方案和商务报价等内容。

6. 开标

在规定的时间和地点公开开标，检查投标文件的密封性，并唱标记录各供应商的报价。

7. 评标

(1) 组建由学校的信息技术专家、财务人员和管理人员构成的评标委员会。

(2) 评标委员会根据评标标准对投标文件进行评审和打分。

8. 定标

根据评标结果，确定综合得分最高的供应商为中标人。

9. 发布中标公告

在相关平台公布中标结果，内容包括中标供应商名称、中标金额和项目主要内容。

10. 签订合同

学校与中标供应商签订合同，明确双方的权利和义务。

最终结果：一家具有丰富教育信息化项目经验且报价合理的公司中标。通过此次招标采购，学校以合理的价格获得了优质的信息化建设服务，提高了教学和管理的信息化水平。

思考：

1. 本案例中采用了哪种采购方式？
2. 这种采购方式有哪些优缺点？结合本案例说说实施的过程是怎样的？
3. 在实施采购的过程中需要承担哪些责任？

案例二

中粮集团有限公司是中国农粮行业领军者，业务布局全球且覆盖全产业链，是国际化大粮商。作为我国糖业产业的领军企业，中粮糖业控股股份有限公司（以下简称“中粮糖业”）面临着采购业务复杂、管理供应商繁多、采购金额高、业务流程长、覆盖范围广、管理层级多等情况。因此，提升集团采购管理水平，建立数字化采购运营管理能力，既是中粮糖业发展的内在迫切要求，也是国务院国有资产监督管理委员会主导的“采购管理提升”专项工作要求，符合国家产业转型提升政策的指导方向。

一、中粮糖业采购管理痛点

（1）业务合规性管理缺失：缺少统一的业务过程合规性管控平台，采购过程数据分散，信息不对称，采购质量依赖于个人的职业素养。需要通过平台统一体系，实现采购执行规范化、信息数字化、管理可视化，保障采购过程公开、阳光、合规。

（2）集采机制执行困境：中粮糖业执行“两级集采、三级执行”的集采集管机制，缺乏统一的抓手，需要平台作为集采管理的有力抓手，落实集采管理，形成“管得住、集得了、买得好”的集采体系。

（3）物料数据不规范：中粮糖业采购物料品种繁多，业务迅速发展导致物料新增、变更频繁。因为缺乏统一、规范的基础数据管理标准，造成物料数据不规范，成为提升采购管理的“卡脖子”问题。

（4）供应商管理落后：集团管理的供应商众多，传统的“ERP+OA”的信息化体系，缺乏对供应商的统一管理机制，无法共享信息、量化管理。因此，需要通过数字化采购管理平台，整合供应商资源，共享供应商信息，形成全生命周期的动态化管理体系。

（5）采购模式匹配难题：中粮糖业产业模式多样化，对应的采购品类及采购模式也丰富多样，包括贸易采购、大宗物资采购、工程项目采购、包材采购、固定资产采购、物流采购及低值易耗品采购等。这需要专业化平台提供多样的专业采购模式匹配，既保证过程统一合规，也符合各品类采购的专业特征。

（6）数字化能力待提升：利用平台建立采购数字化运营能力，在提升采购管控能力的同时，建立可视化中心，实现数字化风控、智能分析决策等体系建设。

二、中粮糖业数字化采购平台建设

（一）建设过程

“一采通”是以“全流程、全品类、场景化”为理念，以“私有化+公有云”为架构的产品，为企业数字化采购提供专业平台和最佳实践服务，涵盖招采管理、集约化采购、精益供应链、战略采购、项目供应链、产业化服务等，服务对象包括大型集团企业、流程制造类、离散装配制造类、运营类企业等，为企业提供从“工具化”

向“管控闭环”“数字化运营”“产业化增值”等不同价值阶段跃升过程中的数字化采购服务。

2017 年，“一采通”作为采购提升战略合作伙伴，协助中粮糖业建设数字化采购管理平台，项目遵循“制度管人、平台管事”原则，经历了“管招采、全覆盖、数字化”三个提升阶段，取得了良好的运行效果。

1. 阳光合规、管好招采

建立集团统一采购管理平台，统一供应商寻源准入及多级分类库。建立招标及非招标两类 8 种合规采购方法，加强采购合规管控。推行集中采购与授权自采等多种集采管理模式，强化集采集管。通过第一阶段建设，奠定中粮糖业数字化采购管理持续提升的坚实基础。

2. 全域管理、闭环体系

梳理物料数据，为管理数字化深化扫清障碍。在此基础上，建立“全流程、全品类、全场景”的在线采购管理环境，实现采购全域管理。打造开放数据中台，与集团其他信息化系统全面集成，建立闭环管理体系。

3. 数字化创新

运用大数据、云计算等数字化技术，全面提升采购业务的自动化、智能化程度，实现业务价值提升。

（二）建设效果与收益

1. 形成全流程在线业务平台

形成覆盖采购需求计划、集中采购、采购合同、履约执行、对账付款的全流程在线业务平台，涵盖招标采购及非招标采购两类共 8 种采购方法。过程阳光透明、可追溯，在提高合规性的同时，也极大地提高了业务效率，保证了采购工作的准确、及时和高质量完成。

2. 建立全集团统一供应商分级分类库

形成开发准入、分级分类、信息共享、履约记录、量化评估、动态奖惩的全周期闭环管理体系。建立供应商画像，量化供应商能力，积累优质供方，推动产业供应链生态良性发展。

3. 建立集中采购全覆盖，降本增效

针对生产主料（原料）采购、物流采购、工程项目采购、固定资产、包装物及燃料采购，实现由总部统管，由总部或二级业务组织管理的两级集采体系，集中采购在线组织，并通过平台下沉到三级单位采购执行，实现集采闭环管理，有效提升了集采率，取得了显著的集采降本成效。

4. 建立采购管理标准化体系

（1）规范采购合同、采购文件、过程资料、规则规范等模板库，加强业务过程规范性，提高业务处理的效率和质量，规范的管理基础也是数字化运营、智能化管理的结构基础。

（2）梳理物料主数据，梳理共22类合计近10万条物料主数据，剔除错误、重复、无效数据，优化数据基础；建立统一在线主数据管理流程，建立三级审核机制，按专业归口管理、明确责权、优化数据管理流程。

（3）以制度为依据，建立平台统一采购管理及供应商管理规则，形成规范化、自动化、智能化三个应用层级。

5. 建立风控体系

利用大数据，建立数字化风控体系，包括供应商风控和采购过程合规两大风控体系，通过数据模型分析，对采购过程中的“问题供方”及“问题操作”建立数据分析、风险预警、过程干预的风控机制，消除采购管理盲区。

6. 建立智能化数据分析平台

智能化数据分析平台可以辅助采购决策，帮助采购人员发现集采整合、采购方案、谈判策略、价格优化、成本分析、供应商组成等方向的提升机会，形成采购决策报告，建立开标评定、采购合同、采购订单、履约跟催及对账付款等环节中的自动化应用场景，构建中粮糖业智能化采购体系。

三、总结

中粮糖业在数字化采购平台建设过程中，发挥行业领军企业的优势，快速有力整合资源、建立标准、优化流程、融合数字化技术，为产业头部企业建设数字化采购、持续升级迭代提供了最佳实践参考。

思考：

1. 什么是电子采购？结合本案例材料，说说中粮糖业为什么要建立数字化采购平台，总结建立的过程及建成的效果。

2. 中粮糖业建立数字化采购平台可以给我们哪些启示？

案例三

某服装公司计划推出新的产品线，需要采购一批高质量的面料。经过初步筛选，该公司与一家面料供应商进入采购谈判阶段。

采购方的需求和目标：① 采购 5 000 米特定材质和花色的面料。② 期望面料单价不超过 30 元/米。③ 要求供应商在一个月内交付。④ 面料须符合特定的质量标准，如有质量问题，供应商负责退换。

供应商的情况和诉求：① 供应商的面料质量上乘，但价格相对较高，通常报价为 35 元/米。② 供应商近期订单较多，交付时间较紧，正常交付需要45 天。

谈判过程：

第一轮谈判：

采购方：表明对供应商面料质量的认可，但强调价格过高，给出 25 元/米的意向价格，并要求一个月内交付。

供应商：表示价格过低无法接受，且交付时间太紧，难以在一个月内完成。

第二轮谈判：

采购方：提出采购量较大，如果能满足价格和交付时间，可以考虑长期合作。

供应商：考虑到长期合作的可能性，价格降至 32 元/米，但交付时间仍无法保证在一个月内。

第三轮谈判：

采购方：指出市场上有其他类似供应商能提供更优惠的条件，威胁可能选择其他供应商。

供应商：经过内部商讨，最终同意价格为 28 元/米，并争取在 35 天内交付。

谈判结果：

双方达成了以下协议：

① 面料单价为 28 元/米。② 供应商在 35 天内交付。③ 签订质量保证协议，如有质量问题，供应商负责退换。

通过有效的谈判，采购方在一定程度上降低了采购成本，缩短了交付时间，供应商获得了较大订单并建立了潜在的长期合作关系。

思考：

1. 采购谈判有哪些策略？
2. 采购谈判的过程中，相关单位和人员需要具备的意识及承担的责任有哪些？

案例四

施乐欧洲公司是施乐公司在美国之外的最大机构，与英国兰克两家公司合作生产和修理中等规模的复印机设备，并在世界范围内销售。

20世纪80年代，施乐欧洲公司开始实施准时制采购。作为准时制采购计划的一部分，公司安装了自动化物料和采购信息处理系统，并修正了生产流程。

准时制采购实施后，施乐欧洲公司取得了一系列显著的成效。

第一，供应商从3 000个减少到300个；

第二，入库交货的准时率高达98%，其中有79%是在需要时的1小时内送达；

第三，仓库库存从3个月的供给下降到半个月；

第四，整体物料成本减少了约40%；

第五，由于供应商物料质量的提高，绝大多数入库产品质检站被相应撤销；

第六，因产品质量不佳而被拒收的水平从17%剧降到0.8%；

第七，由于标准化的包装，40多个负责重新包装的职位全被取消；

第八，入库运输配送总成本减少了40%；

第九，仓库给生产线的物料配送准时率提高了28%。

在采购物流战略管理方面，还取得了以下成效：

第一，形成了完整的采购绩效评估体系；

第二，在企业组织架构中，对有关战略物流和采购的决策权进行了有效的授权；

第三，来自不同部门的高层经理人广泛参与了制定物流的采购策略；

第四，随着公司规模的不断扩大，高级物流采购经理人的控制范围也相应地扩大；

第五，带动性地改进了组织其他部门的绩效。

思考：

在上面的案例中，施乐欧洲公司采用准时制采购后取得了哪些成效？你认为准时制采购如何发挥最大效用？

案例五

集中采购是很多企业经常用到的一种典型的采购模式。这里主要介绍的是中电投蒙东能源集团公司集中采购案例。中电投蒙东能源集团公司隶属于中国电力投资集团，该公司于2008年正式成立。随着公司的不断发展壮大，目前该公司涉足的行业领域也变得更加多元，如煤炭行业、电力行业、港口业务等，都是该公司的主营业务领域。物流产业的不断发展和进步，也为集中采购带来了更为广阔的发展空间。中电投蒙东能源集团公司在很多原材料采购的活动中，采取了集中采购的方式。通过实施集中采购，中电投蒙东能源集团公司可以借助“批量采购”的方式来帮助企业节约更多的成本开支，在采购过程中掌握更多的主动权和决策权。但集中采购对于中电投蒙东能源集团公司的发展也产生了一些制约和影响，例如集中采购促使卖方市场不断壮大、供应商议价能力不断增强等。实际上，近几年，中电投蒙东能源集团公司在采购方式的选择上不断地进行战略决策的变革和调整，与供应商之间的关系类型也在不断地优化，这也是大企业集团优势作用的一种体现。

思考：

中电投蒙东能源集团公司集中采购的案例，带给你什么启发？（提示：可以从集中采购的优势和劣势层面进行分析。）

二、能力训练题

训练一

一、案例背景

A 公司是一家生产电子产品的企业，由于市场需求的增长，A 公司计划扩大生产规模，因而需要采购一批高质量的原材料。经过市场调研和筛选，A 公司选择了 B 公司作为潜在的合作伙伴。B 公司在行业内具有一定的知名度和市场份额，但其产品价格相对较高。

二、谈判双方的目标和利益

（一）采购方（A 公司）

主要目标：

1. 以合理的价格采购到符合质量要求的原材料。
2. 确保稳定的供应，避免因原材料短缺影响生产进度。
3. 争取有利的付款条件和售后服务。

利益关注点：

1. 降低采购成本，提高产品的市场竞争力。
2. 保障原材料的质量和按时交付。
3. 优化库存管理，减少资金占用。

（二）供应方（B 公司）

主要目标：

1. 以较高的价格出售原材料，实现利润最大化。
2. 与 A 公司建立长期合作关系，拓展市场份额。
3. 获得及时付款，降低财务风险。

利益关注点：

1. 维持产品的高利润率。
2. 借助合作提升品牌影响力。
3. 确保采购方的订单量和合作稳定性。

实训项目：采购谈判模拟

实训目的：让学生通过模拟采购谈判的过程，学会制订采购谈判方案，在谈判过程中运用谈判策略与技巧，尽可能为己方争取利益，顺利完成谈判。

实训内容：根据上述案例背景，分组分别模拟 A、B 两家公司进行采购谈判。

要求：

1. 以小组为单位进行实训活动，每两小组为一组进行谈判。其中，采购方是 A 公司，供应商是 B 公司。每个小组须分配谈判角色，包括主谈判、谈判助理和记录员。

2. 每组上交采购谈判方案、实训总结。

3. 完成成果展示评价表（表 6-1）。

表 6-1　成果展示评价表

<table>
<tr><td>班级</td><td></td><td>小组</td><td colspan="2"></td><td>日期</td><td>年　月　日</td></tr>
<tr><td>序号</td><td colspan="3">评价要点</td><td>标准分</td><td>得分</td><td>总评</td></tr>
<tr><td>1</td><td colspan="3">PPT 效果</td><td>30</td><td></td><td rowspan="3"></td></tr>
<tr><td>2</td><td colspan="3">成果完整，结论全部正确并按时完成</td><td>30</td><td></td></tr>
<tr><td>3</td><td colspan="3">发言人思路清晰，语言通顺</td><td>40</td><td></td></tr>
</table>

训练二

学校拟建立两个机房，每个机房配备45台计算机，并配备服务器、电脑桌椅、通信设备等其他相关设施设备。具体设备的型号、规格由采购方来确定。

以小组为单位进行实训活动，每两小组组成一组进行谈判。其中，采购商是××学校，供应商是联想品牌计算机代理商。每个小组需要分配谈判角色，包括主谈判、谈判助理和记录员。

要求：

每组上交采购谈判方案、实训总结，并完成成果展示评价表（表6-2）。

表6-2 成果展示评价表

班级		小组		日期	年 月 日
序号	评价要点		标准分	得分	总评
1	PPT效果		30		
2	成果完整，结论全部正确并按时完成		30		
3	发言人思路清晰，语言通顺		40		

项目七

采购合同管理

知识认知能力训练

一、填空题

1. 采购人员在签订合同之前，必须审查供应商的________、________及________，按合同法的要求，逐条订立合同的必备条款。

2. 从合同的效力角度来对合同纠纷进行划分，主要分为________和________。

3. 引起采购合同纠纷的原因主要有________、________及双方签订的合同规定不明确、不具体。

4. 采购合同纠纷的解决途径有________、________、________、________。

5. 采购订单跟踪的目的有三个方面：________、________、________。

6. 采购合同中付款条件包括________、________、________等。

7. 行使抗辩权有三种方式：________、________、________。

8. 可撤销的采购合同的三种情况是________、________、________。

9. 采购合同的变更方式包括________、________。

10. 国际采购合同的诉讼时效为________年。

二、单项选择题

1. 下列不属商品采购合同正文内容的是（　　）。

A. 商品名称　　B. 品质规格

C. 合同生效日　　D. 付款方式

2. 下列不属于合同尾部的主要内容的是（　　）。

A. 双方企业名称与地址　　B. 合同的份数及生效时间

C. 双方代表签名　　D. 买卖双方公司公章

3.（　　）是双方或多方当事人之间通过电子信息网络以电子的形式达成的设立、变更、终止财产性民事权利义务关系的协议。

A. 口头合同　　B. 书面合同

C. 电子合同　　D. 推定合同

4. 下列（　　）不属于商品采购合同跟踪的目的。

A. 促进合同正常执行　　B. 满足企业物料需求

C. 保持合理的库存水平　　D. 降低采购成本

5. 采购合同的标的物可以是（　　）。

A. 土地使用权　　B. 实物和劳务

C. 专利权　　D. 商标权回

6. 下列属于严格意义上的采购合同的是（　　）。

A. 以支付价款为代价取得另一方标的物所有权的协议

B. 以赠予方式取得标的物所有权的协议

C. 不以支付价款为代价取得另一方标的物所有权的协议

D. 以易货贸易方式取得标的物所有权的协议

7. 下列不属于合同的一个基本要素的是（　　）。

A. 报价　　B. 验收

C. 顾及条款　　D. 目标的合法性

8. 一旦签订合同，即具有法律约束力，除非一方（　　）。

A. 不愿实施此项工作　　B. 不能为其部分工作提供经费

C. 违反法律　　D. 宣布它无效

9. 下列不属于供应商应承担的违约责任的是（　　）。

A. 因不可抗力延期交货

B. 物料数量、品种、规格不符合合同规定

C. 物料质量不符合合同规定

D. 交货超期

10. 在合同签订的过程中，如果一方当事人对某些情况存在重大误解而订立的合同，那么这种合同属于（　　）。

A. 无效的采购合同　　B. 可撤销的采购合同

C. 有效的采购合同　　D. 效力待定的采购合同

11. 采购合同的终止，是指由于某种法律事实的出现而使得采购合同当事人之间已经存在的（　　）关系不复存在。

A. 买卖　　B. 权利、义务

C. 权力、义务　　D. 义务

12. （　　）是一种赊销的形式，是指通过提供中长期信贷以推动出口，尤其是机器设备出口的一种支付方式。

A. 延期付款　　B. 分期付款

C. 预付贷款　　D. 货到付款

13. 因合同的生效、解释、履行、变更、终止等行为而引起的合同当事人的所有争议叫（　　）。

A. 合同欺诈　　B. 合同纠纷

C. 合同变更　　D. 合同赔偿

14. 在合同中约定交货时付款，就应一手交钱，一手交货，对方不交货或不交足货，就无权要求另一方付款，这叫（　　）。

A. 先履行抗辩权　　B. 后履行抗辩权

C. 不履行抗辩权　　D. 同时履行抗辩权

15. 在采购合同履行过程中，容易引起风险的是（　　）。

A. 口头提出合同的变更

B. 在约定的时间内履行自己的义务

C. 严格按照合同付款时间支付货款

D. 书面提出解除合同，书面回复

16. 下列不属于供应商应承担的违约责任有（　　）。

A. 物料数量、品种、规格不符合合同规定

B. 物料质量不符合合同规定

C. 交货超期

D. 货款延迟

17. （　　）买方不可以要求终止采购合同。

A. 发现卖方报价不实的

B. 有严重损害国家利益的

C. 在履行督导时，发现严重缺点，经要求后改善

D. 有违法行为而经查证属实者

18. 采购合同一般的诉讼时效为（　　）年。

A. 1 年　　B. 2 年

C. 3 年　　D. 4 年

19. 恶意串通，损害国家、集体或者第三人利益的合同是（　　）。

A. 可撤销合同　　B. 无效合同

C. 效力待定的合同　　D. 有效合同

20. 下列不属于合同欺诈的是（　　）。

A. 货证不符　　B. 虚构主体

C. 虚构担保　　D. 伪造合同

三、多项选择题

1. 对订单的货物验收主要从（　　）方面进行。
   A. 点收数量　　B. 检验品质
   C. 检验交货手续　　D. 预付款信息
2. 采购合同纠纷的解决途径有（　　）。
   A. 协商　　B. 调解
   C. 仲裁　　D. 诉讼
3. 合同执行过程跟踪要注意的事项主要有（　　）。
   A. 严密跟踪　　B. 快速响应生产需求形式
   C. 慎重处理库存控制　　D. 控制好物料验收环节
4. 采购合同的必备条款包括（　　）。
   A. 商品名称　　B. 质量条款
   C. 商品价格　　D. 违约责任
5. 关于采购合同纠纷诉讼时效正确的是（　　）。
   A. 一般诉讼时效 3 年
   B. 一般诉讼时效 5 年
   C. 质量不合格但未声明的诉讼时效 1 年
   D. 国际采购合同的诉讼时效 4 年
6. 合同标的的主要风险点有（　　）。
   A. 合同标的不合法
   B. 合同标的不可能给付
   C. 合同标的不确定
   D. 实际交付的标的与合同约定的标的不符
7. 属于可撤销的采购合同的是（　　）。
   A. 重大误解的采购合同　　B. 显失公平的采购合同
   C. 欺诈、胁迫的采购合同　　D. 损害社会公共利益
8. 采购活动中合同纠纷的主要原因是（　　）。
   A. 卖方违约
   B. 买方违约
   C. 第三方违约
   D. 双方签订的合同规定不明确、不具体
9. 下列情形中，买方可以要求终止采购合同的是（　　）。
   A. 发现卖方报价不实的

B. 有严重损害国家利益的

C. 在履行督导时，发现严重缺点，经要求改善而无法改进以致不能履行合同的

D. 有违法行为而经查证属实者

10. 下列情形中，当事人可以解除采购合同的是（　　）。

A. 不可抗力因素致使不能实现合同目的

B. 在履行期限届满之前，当事人一方明确表示或者以自己的行为表明不履行债务

C. 当事人一方延迟履行主要债务、经催告后在合理期限内尚未履行

D. 因需要变更而由买方要求终止合约的，卖方没有遭受的损失

四、判断题

1. 当一方要求变更或解除合同时，在新的协议未达成之前，原合同仍然有效。（　　）

2. 对供应商付款后，就不再需要进行合同跟踪。（　　）

3. 当采购数量不大、货款不多时，可不签订购货合同。（　　）

4. 在履行合同期间，因受天灾人祸或其他不可抗力的因素，使供应商丧失履约能力时，买卖双方均可要求终止合同。（　　）

5. 争议是指买卖的一方认为另一方未能全部或部分履行合同规定的责任与义务所引起的纠纷。（　　）

6. 索赔的金额通常在合同中会做具体规定。（　　）

7. 合同签字盖章后就生效了。（　　）

8. 审查供方当事人的资信情况，了解供应商对供货合同的履约能力，对于确定购销合同中的权利义务条款具有非常重要的作用。（　　）

9. 在签订重大合同时，最好是双方当面签订，以免另一方采用欺骗手段签订假合同。（　　）

10. 与供应商签订合同后，日常发出订单，订单就成立了。（　　）

五、简答题

1. 采购合同的特征是什么？

2. 一份完整的采购合同由哪些部分组成？

3. 简述采购合同签订的一般原则。

4. 简述采购合同履行的一般规则。

5. 采购合同产生纠纷的原因有哪些？

6. 采购合同变更有哪些方法？

7. 什么情况下可以解除采购合同？

8. 简述采购货款结算的步骤。

专业运用能力训练

一、案例分析题

案例一

服装厂与纺织厂签订了一份布料购销合同，约定纺织厂向服装厂提供 10 000 米高档布料，分两次在 3 个月内供货，服装厂收到全部货物后向纺织厂支付 100 万元货款。纺织厂在提供了第一批布料后发现，服装厂资产状况严重恶化，涉及大量诉讼案件，且均系败诉方，已无能力履行 100 万元给付义务。此外，纺织厂还发现服装厂不断以低价向外转移财产。基于此，纺织厂决定停止向服装厂供货，并要求服装厂提供担保。然而服装厂则认为纺织厂的行为构成违约，要求其承担违约责任。

思考：

1. 纺织厂是否违约？
2. 纺织厂行使的是何种权利？该权利应依照何种程序行使？

案例二

甲乙双方签订了一项买卖合同，甲方向乙方购买散装白酒，约定由乙方负责装瓶，并加贴某名牌商标，以利销售。合同约定白酒数量为 5 万瓶，价款为人民币 15 万元，交货时间为合同签订后 3 个月内，交货时付清全部价款。实际履行时，乙方延迟半个月交货，甲方付款时以资金紧张为由，仅付了 10 万元，余下 5 万元约定在 10 天后付清。10 天后，甲方未付余款，乙方多次催讨未果，遂依合同约定的仲裁条款向仲裁机关申请仲裁。

思考：

如何根据《中华人民共和国民法典》的相关规定处理本案？

案例三

甲公司于2023年3月1日给乙公司发出电报称："现有当年产玉米50吨，每吨1 000元，如贵方需购，望于接到电报之日起一周内回复为盼。"3月3日乙公司给甲公司复电称："接受贵方条件，但望以每吨800元成交。"

思考：

1. 甲乙之间的合同关系是否成立，为什么？

2. 假设乙公司在3月10日复电给甲公司称："完全接受贵方条件"，则甲乙之间的合同关系是否成立，为什么？

3. 假设乙公司在接到甲公司的电报后，于2023年3月3日派人直接去付款提货时，甲公司已将这50吨玉米高价卖给了丙公司，甲公司是否需要对乙公司承担责任？

二、能力训练题

采购项目名称：中国邮政集团有限公司朝阳市分公司机关和部门办公家具采购项目

供货方：林氏家居

文件编号：2113212021094

1. 采购内容及规格（表 7-1）：

表 7-1　采购内容及规格

采购物品	单位	单价/元	需求量	金额/元
办公单人沙发	对	1 300	20	26 000
办公三人沙发	套	1 800	20	36 000
板式方茶几	个	500	30	15 000
板式长茶几	个	680	30	20 400
办公桌 1.6 米（带侧柜）	个	1 600	25	40 000
电脑桌 1.4 米	个	800	30	24 000
长条会议桌	张	600	120	72 000
办公桌 1.4 米	张	750	60	45 000
会议椅	把	450	60	27 000
透气会议椅	把	260	200	52 000
文件柜	个	460	30	13 800
三门书柜	个	3 000	15	45 000
衣柜文件柜	个	750	14	10 500
弓形椅	把	700	60	42 000
合计				468 700

2. 质量要求：技术标准为 ISO14024 标准，供应商对质量负责的期限为交货日起 1 年。

3. 交货期限：合同签订后 10 日内安装完毕。

4. 供货地点：朝阳市及各县邮政分公司及网点。

5. 结算方式：合同生效之日，需方以银行汇票交付供方货款总额的 30%；其余货款在安装验收合格后，10 天内以银行汇票结算。

要求：

请为该项目拟定一份采购合同。

项目八

采购绩效管理

知识认知能力训练

一、填空题

1. ________________是指通过建立有效的绩效评估指标体系，对采购活动进行评估、提升和监控的管理方法。

2. 对采购绩效的评估包含对_________和对采购人员个人的评估。

3. 明确采购绩效评估的原则：___________、___________、___________、___________、___________。

4. 采购绩效考核与评估的关键是制定一套客观的、充分体现采购人员绩效的、对考核对象具有导向作用的______________________。

5. 采购人员在其工作职责上，应该达到“_______、_______、_______、适价及适地”等目标。

6. _______主要是指供应商的质量水平及供应商所提供的产品或服务的质量表现。

7. _______是用以衡量采购人员处理订单的效率及对于供应商交货时间的控制。

8. 采购绩效评估标准通常有四种设定方法，分别是__________、__________、__________、__________。

9. 采购绩效考核中，用于衡量供应商按时交付能力的指标是_______。

10. 在采购绩效考核体系中，_________是确保考核公正、透明的重要手段，有助于激发采购人员的积极性。

二、单项选择题

1. 下列（　　）不属于采购的价格与成本指标。

A. 平均付款周期　　B. 采购降价

C. 采购人员年采购额　　D. 本地化比率

2. 来料质量不包括（　　）。

A. 批发质量合格率　　B. 来料抽检合格率

C. 来料在线报废率　　D. 对供应商投诉率

3. 当公司管理部门对工作人员追求最佳绩效的期望值时，应选择（　　）。

A. 历史绩效标准　　B. 预算或标准绩效

C. 行业平均绩效标准　　D. 目标绩效标准

4. 当公司的采购部门，无论组织、职业还是人员等，均没有重大变动的情况下，应选择（　　）。

A. 历史绩效标准　　B. 预算或标准绩效

C. 行业平均绩效标准　　D. 目标绩效标准

5. 以下属于价格绩效指标的是（　　）。

A. 来料免检率　　B. 实际价格与标准成本的差额

C. 来料返工率　　D. 退货率

6. 采购绩效管理的最终目标是实现（　　）。

A. 提高销售额　　B. 降低库存成本

C. 优化资源配置，提升企业竞争力　　D. 增加供应商数量

7. 以下不影响采购绩效的关键因素的是（　　）。

A. 供应商的选择与管理　　B. 采购人员的专业能力

C. 市场价格波动　　D. 生产车间的布局

8. 以下不属于采购绩效改进的方法是（　　）。

A. 引入竞争机制　　B. 加强与供应商的沟通

C. 提高销售价格　　D. 优化采购流程

9. 在评估采购人员绩效时，以下最能反映其工作效率的是（　　）。

A. 供应商数量　　B. 采购订单处理时间

C. 库存周转率　　D. 客户满意度

10. 以下不是采购绩效管理流程中必要环节的是（　　）。

A. 设定绩效目标　　B. 收集绩效数据

C. 评估与反馈　　D. 制定销售策略

11. 在评估供应商绩效时，常用的“五个合适”模型中不包括（　　）。

A. 合适的质量　　B. 合适的价格

C. 合适的数量　　D. 合适的文化

12. （　　）不属于采购绩效管理的关键指标。

A. 成本节约率　　B. 供应商交货准时率

C. 产品退货率　　D. 销售人员业绩

13. 为了激励采购人员提升绩效，以下较为常见的措施是（　　）。

A. 增加库存量以应对需求波动

B. 设立绩效奖金制度

C. 降低采购价格而不考虑质量

D. 减少与供应商的沟通

14. 以下不属于采购绩效管理体系的基本构成部分的是（　　）。

A. 绩效指标设定　　B. 绩效计划制定

C. 绩效监督与控制　　D. 产品市场调研

15. 采购绩效管理的核心目的是（　　）。

A. 降低成本　　B. 提高采购效率与效果

C. 维护与供应商的关系　　D. 增加库存量

16. 以下主要用于衡量采购成本的控制能力的指标是（　　）。

A. 准时交货率　　B. 库存周转率

C. 成本节约率　　D. 客户满意度

17. 以下不属于采购绩效持续改进的常用策略的是（　　）。

A. 引入新技术　　B. 定期审查采购流程

C. 降低与供应商的沟通频率　　D. 设立持续改进小组

18. 以下有助于提升采购团队的绩效管理能力的做法是（　　）。

A. 依赖个别优秀采购员的表现　　B. 定期进行绩效管理培训

C. 忽视绩效数据的分析　　D. 强调成本控制而忽视质量

19. 以下不属于采购绩效管理系统应具备的特点的是（　　）。

A. 透明性　　B. 灵活性

C. 主观性　　D. 公正性

20. 以下可能表明采购绩效管理体系存在问题的情况是（　　）。

A. 采购流程频繁变动　　B. 采购成本逐年下降

C. 供应商满意度持续提高　　D. 库存周转率保持在合理水平

三、多项选择题

1. 常见的绩效考核评估标准有（　　）。

A. 历史绩效标准　　B. 预算或标准绩效

C. 行业最高绩效标准　　D. 目标绩效标准

2. 采购绩效指标体系的设定应主要考虑（　　）。

A. 选择合适的绩效衡量标准　　B. 选择合格的供应商

C. 满足生产和库存的需求　　D. 确定合理的采购绩效指标目标值

3. 采购绩效管理的目标通常包括（ ）。
A. 提高采购效率
B. 降低采购成本
C. 优化供应商关系
D. 提升采购质量

4. 评估采购绩效时，常用的关键绩效指标有（ ）。
A. 销售额增长率
B. 交货准时率
C. 产品质量合格率
D. 供应商满意度

5. 采购绩效管理的流程通常包括（ ）。
A. 设定绩效目标
B. 制订生产计划
C. 收集绩效数据
D. 评估与反馈

6. 影响采购绩效的主要因素有（ ）。
A. 供应商选择与管理
B. 采购流程优化
C. 采购成本控制
D. 采购团队建设

7. 以下有助于提升采购绩效的方法有（ ）。
A. 引入竞争机制，增加供应商选择
B. 加强与供应商的沟通与协作
C. 采用先进的采购管理系统和技术
D. 定期评估采购绩效并进行持续改进

8. 采购绩效管理中，关于成本控制的有效策略有（ ）。
A. 集中采购，发挥规模效应
B. 谈判降价，争取更优惠的价格
C. 优化库存管理，减少库存成本
D. 引入精益采购理念，消除浪费

9. 采购绩效管理的实施对企业的积极影响体现在（ ）。
A. 提升企业竞争力
B. 优化资源配置
C. 降低人员支出成本
D. 提高客户满意度

10. 采购绩效管理中，常见的绩效改进策略包括（ ）。
A. 优化采购流程以减少浪费
B. 引入竞争机制以降低采购成本
C. 加强与供应商的沟通与协作
D. 减少对新技术和新方法的探索

四、判断题

1. 采购绩效评估是评价、估量货物的价格。 （ ）
2. 目标绩效的确定要有一定的挑战性，越高越能鼓舞士气。 （ ）
3. 绩效指标要合理，既要顾及顾客的需求，又要和本企业的目标保持一致。
（ ）
4. 关于采购绩效指标的设定，数量越多越好。 （ ）

5. 依据客观的绩效评估进行公正的奖惩，可以激励采购人员不断前进，发挥团队合作精神，使整个部门发挥合作效能。（　　）

6. 采购绩效管理的实施不需要高层的支持和参与。（　　）

7. 采购绩效管理的结果只用于奖励或惩罚采购人员。（　　）

8. 采购绩效管理的目的是提高采购活动的效率和效果。（　　）

9. 采购绩效管理仅关注采购部门的绩效，与其他部门无关。（　　）

10. KPI（关键绩效指标）是采购绩效管理中重要的工具。（　　）

五、简答题

1. 什么是采购绩效管理？

2. 采购绩效管理的目的有哪些？

3. 谈谈在实施采购绩效管理过程中可能遇到的挑战及应对策略。

4. 采购部门及人员的考核指标有哪些？

5. 改进采购绩效的途径主要有哪些？

专业运用能力训练

一、案例分析题

案例一

一、背景介绍

D公司是一家致力于可持续发展的制造企业。近年来，为积极响应全球环保倡议，D公司决定在其供应链管理中实施绿色采购策略。绿色采购策略旨在通过选择环保材料、节能减排的供应商及推动供应商环境管理体系的建立，减少对环境的影响，提升企业品牌形象和市场竞争力。

二、实施过程

制定绿色采购政策：D公司首先明确了绿色采购的目标和原则，包括优先选择环保材料、降低能耗和排放、促进资源循环利用等。

供应商评估与选择：D公司建立了一套绿色供应商评估体系，对潜在供应商的环保资质、环境管理体系、绿色产品认证、节能减排措施等进行全面评估。最终，D公司选择了一批符合绿色采购标准的供应商作为合作伙伴。

合同条款与激励措施：在与供应商签订的合同中，D公司明确规定了环保要求和绩效指标，并设立了奖励机制，对在绿色采购方面表现突出的供应商给予优惠价格、增加订单量等激励。

绩效监控与改进：D公司定期对供应商的环保绩效进行监控和评估，通过收集数据、分析指标、组织评审会议等方式，及时发现问题并采取措施进行改进。

三、成果与挑战

经过一段时间的实施，D公司的绿色采购策略取得了显著成效，包括环保材料使用比例上升、能耗和排放降低、供应链整体环保水平提升等。然而，在实施过程中也遇到了一些挑战，如部分供应商对绿色采购的理解不足、环保材料成本较高、环保绩效数据收集困难等。

思考：

1. D公司实施绿色采购策略的主要动机是什么？

2. 在实施绿色采购策略过程中，D公司是如何确保供应商遵守环保要求的？

案例二

一、背景介绍

海尔作为全球知名的家电制造企业，面对复杂多变的市场需求和全球化供应链管理挑战，通过不断创新和优化采购管理，取得了显著的成绩。海尔的采购管理案例在业内备受瞩目，为其他企业提供了宝贵的借鉴和指导。

二、采购管理关键要素

供应链设计：海尔注重构建灵活高效的供应链网络，通过数字化技术和智能化平台实现供应链的优化和协同。通过建立供应链协同平台，实现供应商、合作伙伴和海尔内部各部门的信息共享和协同决策，提高供应链的整体效率和响应速度。

供应商管理：倡导合作共赢的供应商伙伴关系，建立长期稳定的战略合作伙伴关系，共同推进创新和价值共创。与供应商之间建立信息共享、风险共担、利益共享的合作机制，形成紧密高效的供应商体系。

采购流程优化：引入智能化决策支持系统和自动化采购流程，提高采购效率和准确性。实行全流程数字化采购管理，从采购需求确认、供应商选择、合同管理到采购执行，实现信息全流程闭环管理和实时监控。

成本控制：注重精细化成本管理和效益评价，建立全面的成本管控体系，实施成本透明化和实时监控。建立成本效益评价体系，对产品成本、供应链成本和采购成本等各项成本进行全面评估和优化。

三、成功案例亮点

全球化采购布局：海尔将全球范围内的采购业务分解到各个地区，由当地的采购团队负责具体的采购业务，同时又受到总部的整体规划和指导。这种分散式采购管理模式既保证了采购的灵活性，又实现了全球资源的优化配置。

数字化采购管理：通过引入先进的数字化技术和智能化平台，海尔实现了采购数据的可视化分析、自动化采购流程及供应链透明化等先进采购管理模式。这些创新手段极大地提高了采购效率和管理水平。

供应链协同平台：海尔建立的供应链协同平台打破了信息孤岛，实现了供应商、合作伙伴和内部各部门之间的信息共享和协同决策。这不仅提高了供应链的响应速度，还降低了供应风险。

四、结论与启示

海尔的采购管理案例展示了其在供应链设计、供应商管理、采购流程优化和成本控制等方面的成功经验。这些经验为其他企业提供了宝贵的借鉴和指导。在现代化的采购管理过程中，企业应注重数字化转型和信息化建设，通过引入先进的数字化技术和智能化平台来提高采购效率和管理水平。同时，企业还应加强与供应商的沟通和协作，建立长期稳定的战略合作伙伴关系，共同推进创新和价值共创。

思考：

1. 海尔如何通过供应链设计提升采购效率？
2. 海尔在供应商管理方面采取了哪些措施来确保供应链的稳定性和高效性？
3. 海尔在成本控制方面有哪些成功的经验可以分享？

案例三

一、案例背景

T公司是一家快速消费品制造企业，其供应链网络遍布全球，拥有数百家供应商。近年来，随着市场竞争的加剧和消费者需求的日益多样化，T公司意识到提升供应商绩效对于保持竞争优势和提高产品质量至关重要。因此，T公司决定启动一项全面的供应商绩效提升计划，旨在通过优化采购流程、加强供应商沟通与培训、实施绩效考核与激励机制等措施，推动供应商持续改进，实现双方共赢。

二、案例描述

T公司的供应商绩效提升计划主要包括以下几个关键步骤。

(1) 建立绩效指标体系：T公司与供应商共同制定了详细的绩效指标，包括产品质量、交货准时率、价格竞争力、创新能力、服务水平等多个维度，确保评估的全面性和客观性。

(2) 加强沟通与培训：T公司定期组织供应商会议，就绩效指标、市场需求、产品趋势等进行深入交流，同时提供必要的培训和支持，帮助供应商提升生产能力和管理水平。

(3) 实施绩效考核：根据绩效指标体系，T公司对供应商进行定期考核，并将考核结果及时反馈给供应商。对于表现优异的供应商，T公司会给予表彰和奖励；对于表现不佳的供应商，T公司会提出改进建议，并协助其制订整改计划。

(4) 建立激励机制：为了激励供应商持续改进，T公司设立了多种奖励措施，如增加订单量、缩短付款周期、提供技术支持等。这些激励措施旨在提高供应商的积极性和忠诚度，促进双方长期合作关系的稳定发展。

思考：

1. T公司为什么需要实施供应商绩效提升计划？
2. T公司在建立绩效指标体系时，应考虑哪些关键因素？
3. T公司如何通过沟通与培训来推动供应商绩效改进？

二、能力训练题

作为中国汽车品牌的代表之一，奇瑞汽车股份有限公司（以下简称“奇瑞”）凭着“摸着石头过河”的探索精神，将摸过的石头变成自身发展的基石，同时为中国汽车企业开辟了一条发展之路。如今，顺应汽车智能化、共享化、新能源化等发展浪潮，奇瑞正在整合优势资源，积极布局，为进入新一轮市场竞争做准备。

在奇瑞看来，传统汽车企业布局未来出行，关键是要以用户需求为驱动力，实现汽车全价值链的智能化转型升级。因此，不仅要满足用户目前的需求，还要预判未来可能产生和衍生的其他需求，实现传统汽车无法达成的场景功能。

在新能源领域，奇瑞是国内首批获得新能源汽车生产许可证的汽车企业，多年来已经逐步构建起拥有整车集成、核心技术、核心零部件开发能力的新能源技术研发体系。目前，仅新能源方面，奇瑞就拥有 900 多项专利，其中发明专利 600 多项。

在自动驾驶领域，奇瑞已完成第一代、第二代无人驾驶产品的研发，即将实现 Level 3 有条件自动驾驶。Level 4 高度自动驾驶和 Level 5 完全自动驾驶则分别计划在 2025 年及 2026 年之后实现。

在国际化领域，奇瑞汽车全球出口量超过 140 万辆，占中国同期品牌出口量的 30%左右，产品出口到 80 多个国家和地区，全球有 10 个生产基地，有 1 500 多家销售服务网点。目前，奇瑞在美国硅谷、德国法兰克福都有研发中心，巴西的研发中心正在建设中。按照“三步走”战略，进入 3.0 阶段的奇瑞将深化全球市场布局，计划在 3—5 年后进入欧美主流市场。

在这一系列的数据与成绩背后，自主品牌的老将奇瑞依靠的是 20 多年的造车积累与坚持不懈地自我提升；也基于奇瑞能站在战略高度，对于整个汽车行业变革趋势的预判与打造中国品牌金字招牌的使命感。

要求：

根据上述资料制订调研计划。

参考答案

项目一　熟悉采购管理与组织

【知识认知能力训练】

一、填空题

1. 需求　需求
2. 商流　物流　信息流
3. 国内采购
4. 计划　组织　实施　控制
5. 明确采购需求　采购决策　编制采购计划　选择供应商
6. 5R
7. 集权式采购组织　混合式采购组织
8. 分权式采购
9. 全部采购过程
10. 采购部门　采购岗位

二、单项选择题

1—5　BCDAD　6—10　ABDCC　11—15　BBABA　16—20　BDDDC

三、多项选择题

1. ABC　2. ABCD　3. AD　4. ABCD　5. ABCD　6. ABCD　7. ABCD　8. ABC　9. ABCD　10. ABCD

四、判断题

1—5　✓×✓✓×　6—10　✓×✓✓✓

五、简答题

1. 狭义采购具有如下几个特点：① 采购的主体通常是家庭或个人；② 采购的物品，就独立的购买个体而言，数量不多，品种有限；③ 采购从筹划开始至实施完成，相对比较简单易行；④ 采购的风险，无论是自然风险还是社会风险都不是很大。

广义采购具有如下特点：① 采购的主体通常是企事业单位、社会团体等；② 采购的客体不仅仅是生活资料，更多的是生产资料；③ 采购的品种、规格较多，金额一般比较大；④ 采购的过程是一个选择的过程，整个过程比较复杂；⑤ 采购的过程是商流、物流、信息流的有机统一。

2. 采购的特点：① 采购是获取资源的过程；② 采购是商流和物流的有机统一；③ 采购是一种经济管理活动。

采购的作用：① 采购是企业质量控制的重要环节；② 采购是企业生产经营正常进行的必要保证；③ 采购是企业成本控制的重要途径；④ 采购决定着企业流动资金和最终产品的周转速度；⑤ 采购有利于树立企业形象。

3. 集中采购的优点：① 集中采购可以减少订货次数，从而节约订货费用；② 获得供应商的批量价格优惠；③ 可统一组织供应，合理配置资源，最大限度降低库存。

集中采购的缺点：① 采购过程复杂，时效性差；② 对于非共同需求的物资，实行集中采购，难以获得价格优惠；③ 采购与使用分离，缺乏激励因素，导致采购绩效差。

4. 所谓采购管理是指为保障企业物资供应而对企业的整个采购业务过程进行计划、组织、实施和控制的活动。

采购管理工作一般由企业的采购部、供应部负责人或企业副总承担。它的使命，就是要保证整个企业的物资供应。而相对来说，采购只是指具体的采购业务活动，一般是由采购人员完成的工作，只涉及采购人员个人。而采购本身也有具体的管理工作，属于采购管理范畴。采购管理可直接管控到具体的采购业务的每一个步骤、每一个环节、每一个采购人员。所以采购管理与采购不完全是一回事，两者之间既有区别又有联系。

5. 采购管理的目标：① 控制成本，提升采购管理效益；② 提高产品质量，有效防控风险；③ 保证及时供应，提升采购管理效率；④ 促进管理创新，提升采购管理水平。

6. 对于不同公司其具体的采购流程可能各不相同，但总体来说，通常要包含的流程有下列几项：明确采购需求、采购决策、编制采购计划、供应商选择、签订采购合同、发出采购订单、交货验收、货款估算及购后工作服务等。

7. 适量即适当的数量。批量采购虽有可能获得数量折扣，但会积压采购资金；采购太少又不能满足生产需要，故合理确定采购数量至关重要。

8. 集权式采购是指所有生产或经营的物料、商品集中进行采购与供应。

集权式采购的优点：① 减少作业费用，获得价格折扣、运输等方面的多种优惠，形成规模效益，降低采购和物料成本；② 采购功能集中，便于人员分工，提高效率，培养专业人才；③ 易于稳定与供应商的关系，实现长期稳定的合作；④ 公开采购、集体决策，阳光操作，可有效防止腐败；⑤ 便于实行采购程序标准化，减少分散采购的重复作业，从而提高采购效率。

集权式采购的缺点：① 手续较烦琐，过程较长，耗费时间较多，不利于进行紧急、临时的采购；② 专业性强，责任重大，采购绩效很难评估，容易出现采购物品与使用单位所需不符的现象。

9. 分权式采购是指在大型企业集团内部，采购部门分设在各分厂、各事业部，由各分厂、各事业部根据本部门的生产需求采购本部门所需的物资。

分权式采购适用条件：小批量采购；采购价值较低；市场资源有保证；距离总部较远（如异国异地供应）；研发实验物品的采购。

10. 采购员的工作职责：经办一般性物料的采购，查访厂商，调查市场行情；查证进料的品质和数量；处理进料品质和数量异常情况；与供应商谈判价格、付款方式、交货日期；处理一般索赔案件，处理退货，搜集价格情报及替代品。

【专业运用能力训练】

一、案例分析题

案例一

1. 接下来可能发生的事情包括：

（1）原供应商可能会因为无法承受持续亏损，而选择不再与该公司合作，或者提高其他零件的价格以弥补损失。

（2）新零件的开发和量产阶段可能会因为频繁的竞价和更换供应商而出现不稳定因素，如技术支持不足、质量问题等。

（3）公司内部其他部门可能会因为采购经理的决策而感到不满，特别是新供应商的表现不如原供应商时。

2. 如果我是这位经理，我会采取以下策略：

（1）在调整供应商之前，进行全面的成本效益分析，确保新供应商的价格和质量都优于原供应商。

（2）与原供应商进行沟通，探讨是否有其他合作方式，如共同降低成本、共享风险等，以维持稳定的合作关系。

（3）注重与供应商的长期合作，而不是仅仅关注价格。

（4）与公司内部其他部门保持密切沟通，确保他们了解采购策略的变化，并准备应对可能出现的任何问题。

案例二

1. 询价采购的优势主要有以下两点：

（1）简化流程：询价采购方式相对简单，可以快速获取多家供应商的报价，从而选择价格最低、服务最好的供应商。

（2）提高效率：通过询价采购，采购中心可以在较短时间内完成采购任务，提高采购效率。

2. 询价采购的劣势主要有以下两点：

（1）可能忽视质量：过分强调价格可能导致忽视产品质量和服务水平。

（2）缺乏竞争：询价采购可能不如招标采购方式竞争激烈，供应商可能不会提供最优报价。

3. 我的方案如下：

（1）完善询价流程：确保询价采购流程符合《中华人民共和国政府采购法》等相关法律法规的规定，增加透明度和公正性。

（2）综合评估供应商：在询价过程中，除了考虑价格因素外，还应综合评估供应商的产品质量、售后服务、技术实力等方面，确保选择到最合适的供应商。

（3）引入竞争机制：可以通过发布询价公告、邀请更多供应商参与等方式，增加询价采购的竞争性，从而获得更优的报价和服务。

（4）加强监督与审计：对询价采购过程进行监督和审计，确保采购活动的合规性和公正性，防止腐败和不当行为的发生。

案例三

（1）对所需采购物料开展 ABC 分析，确定每种物料的采购策略。

（2）根据生产部门需求制订合适的采购计划。

（3）根据企业的成长战略，制定相应的采购战略。

（4）建立供应商绩效检测指标，对现有的供应商开展评估和认证，优化供应库，重新寻找新的供应商。

（5）优化采购流程，采用电子采购或准时化生产（JIT）采购。

（6）建立采购品质认证体系，保证采购过程品质。

（7）建立采购绩效检测制度。

（8）与表现良好的供应商建立战略伙伴关系。

二、能力训练题

答案略。

项目二　采购计划与预算的制订

【知识认知能力训练】

一、填空题

1. 市场

2. 决策　市场调查

3. 企业经营管理活动

4. 交货时间

5. 理解所需要的性能

6. 制订采购计划

7. 认证环境　订单环境

8. 生产　认证容量　物料生命周期

9. 订单计划

10. 采购预算

二、单项选择题

1—5　CADCB　6—10　ABCCB　11—15　ADBAC　16—20　DADAC

三、多项选择题

1. ABC　2. ABCD　3. ABCD　4. ABD　5. AB　6. ABCD　7. ABCD　8. ABCD　9. ABD　10. ABC

四、判断题

1—5　√×√××　6—10　×√×√×

五、简答题

1. 采购市场调查是指企业运用科学的方法，有系统、有目的地收集市场信息，记录、整理、分析市场情况，了解市场的现状及其发展趋势，从而为市场预测提供客观的、正确的资料。

采购市场调查的作用：

（1）采购市场调查是企业进行经营决策的基础。

（2）采购市场调查是调整和校正采购计划执行情况的重要依据。

（3）采购市场调查是改善企业经营管理的重要工具。

2. 采购调查程序有：① 确定采购市场调查目标；② 确定调查项目；③ 确定调查方案；④ 设计调查表格；⑤ 收集调查资料；⑥ 分析整理；⑦ 编写调查报告。

3. 采购需求规格描述的优点：① 购买前就已经思考并详细研究了需求及通过何种方式满足需求；② 防止物料不合适而造成的拖延和浪费；③ 可以有机会从不同的供应源采购相同技术规格的产品。

采购需求规格描述的缺点：① 很多产品的规格无法做出充分描述；② 尽管从长期来看，使用规格描述可能节约开支，但会增加直接成本；③ 制定的产品规格可能低于能够获得的标准产品的规格；④ 采购方规定的最低规格很可能是供应商所能提供的最高水平。

4. 采购计划的编制程序有：① 准备认证计划；② 评估认证需求；③ 计算认证容量；④ 制订认证计划；⑤ 准备订单计划；⑥ 评估订单需求；⑦ 计算订单容量；⑧ 制订订单计划；⑨ 审批与执行。

5. 采购预算的作用：（1）保障企业战略计划和作业计划的执行，确保企业组织目标一致。

（2）协调企业各部门之间的合作经营。

（3）在企业各部门之间合理分配有限的资源，保证资源分配的效率。

（4）对企业物流成本进行控制、监督。

【专业运用能力训练】

一、案例分析题

案例一

1. 胡老板的问题及原因：问题在于每天有大量的剩余原料，且这些采购原料不能隔天使用，加上每年的粮食涨价，因此利润越来越薄。主要原因是不能合理控制进货数量，无法准确预测市场，也未能有效降低采购成本和提高物流效率。

2. 答案要点：以一周为单位制作市场消费预测表，从早、中、晚三个时间段进行考虑，同时考虑工作和非工作时间段的人流量，以及这三个时间段的需求量。

3. 答案要点：根据市场消费预测结果制订采购计划，以一周为单位，根据早、中、晚三个时间段的市场消费情况进行采购，餐饮食材采用小批量、多批次的采购方式。

案例二

考虑的方面：

1. 了解当前服装面料的流行趋势、价格变动及供应商情况。

2. 选择几家长期合作且表现优异的供应商作为合作伙伴，并建立长期稳定的合作关系。

3. 根据产品设计和生产需求，明确所需的各种面料、辅料及配件的种类和数量。

4. X 公司制订详细的采购计划。

取得的成效：

1. 原料采购质量和供应稳定性得到有效保证，提高了产品质量和供应链的稳定性。

2. 采购成本得到有效控制，降低了原材料采购成本，提高了公司利润。

3. 采购工作流程得到优化，提高了工作效率，减少了沟通和协调成本。

4. 增强了与供应商的合作关系，提升了公司的市场竞争力。

案例三

1. 商家应定期进行市场调研，了解消费者的需求和偏好变化，以及竞争对手的产品和服务情况，以便准确预测市场趋势，从而制订合理的采购计划。

2. 通过分析历史销售数据，商家可以识别出热销产品和滞销产品，进而调整采购策略，增加热销产品的库存，减少滞销产品的采购。

3. 商家应充分利用义乌市场的优势，从生产厂家、批发商和电商平台等多个渠道进行采购，这样不仅可以降低采购成本，还能提高采购效率。

4. 商家应建立严格的供应商评估体系，从质量、价格、交货能力、售后服务等多个方面对供应商进行综合评价，选择优质的供应商建立长期合作关系。

5. 合理安排采购时间，确保物料能够及时供应，避免因供应不足而影响生产和销售。

二、能力训练题

答案略。

项目三　采购数量和质量管理

【知识认知能力训练】

一、填空题

1. 单一产品库存　多产品库存　稳定性产品库存　易变质产品库存

2. 多周期需求库存

3. 正　减少

4. JMI

5. 定量订货法

6. 质量标准

7. 性能　安全性　可信性　经济性　适应性　时间性

8. 人的因素　生产环节的因素　流通环节的因素　消费环节的因素

9. 直方图法　控制图法　因素分析法　PDCA 循环法

10. 行动

二、单项选择题

1—5　BADAB　6—10　BCABD

三、多项选择题

1. ABCD　2. ABCD　3. ACD　4. AD　5. ABCD　6. ABCD　7. AC　8. ACD　9. ABCD　10. ABCD

四、判断题

1—5　×✓××✓　6—10　×✓✓✓×

五、简答题

1. 库存的含义：

库存是仓库中实际储存的货物，分为两类：一是生产库存，即直接消耗物资的库存物资，是为了保证单位所消耗的物资能不间断地供应而储存的；二是流通库存，即生产企业的成品库存、生产主管部门的库存和各级物资主管部门的库存。

2. 库存控制的意义：

（1）库存控制有利于科学管理库存物资。通过库存控制，按需供应必需的物资，保证企业生产急需的物资及时供应，维持持续生产。

（2）库存控制有利于开展仓库管理工作。通过库存控制，可使原来零散放置的物料整理有序，废旧物料堆放整齐，仓储环境整洁干净，实现文明生产。

（3）库存控制有利于提高资金使用效率。通过库存控制，缩短订货提前期，使生产企业顺利采购所需的物品，让企业经营活动更灵活，促进资金周转。

3. 供应商管理库存的运作原理：

供应商管理库存（VMI）环境下的库存运作模式，本质是将多级供应链问题转化为单级库存管理问题。VMI 是以实际或预测的消费需求和库存量作为市场需求预测和库存补货的解决方法，即由销售资料得到消费需求信息，以便供货商更高效地、更快速地响应市场变化和消费需求。供应商管理库存是以供应商为中心，以双方最低成本为目标，在一个共同的框架协议下把下游企业的库存决策权代理给上游供应商，由供应商行使库存决策的权利，并通过对该框架协议进行经常性的监督和修改，以实现持续改进。供应商收集分销中心、仓库和销售点（POS）数据，实现需求和供应相结合；下游企业只需要帮助供应商制订计划，即可实现零库存，进而使供应商的库存也大幅减少。VMI 是一种很好的供应链库存管理策略，它能够突破传统的条块分割的管理模式，以系统的、集成的管理思想进行库存管理，促使供应链系统能够获得同步化的运作。

4. 采购质量的构成：

（1）性能。指物料满足一定使用要求所具有的功能，包括外观性能和使用性能两部分。

（2）安全性。指物料在加工、制造、流通、储存和使用过程中，将损坏或伤害的风险控制在可接受水平的状态。

（3）可信性。指物料的可靠性、可维修性和维修保障性等性能。

（4）经济性。指合理的物料寿命费用。

（5）适应性。指物料适应外界环境变化的能力，包括自然环境（如气候、地理、湿度、温度和气压等）和社会环境。（如政治、风俗、习惯、特定需求等）

（6）时间性。是指在规定时间内满足企业对物料交货期和数量要求的能力，以及满足随时间变化企业需求变化的能力。

5. 采购质量管理的方法主要有直方图法、控制图法、因果分析图法和 PDCA 循环法。

PDCA 循环法又叫戴明环法，是美国质量管理专家戴明博士首先提出的，它是全面质量管理所应遵循的科学程序。全面质量管理活动的全部过程，就是质量计划的制订和组织实现的过程，这个过程就是按照 PDCA 循环，不停顿地周而复始地运转的。PDCA 是英语单词 Plan（计划）、Do（执行）、Check（检查）和 Action（行动）的首字母，PDCA 循环就是按照这样的顺序进行质量管理，并且循环不止地进行下去的科学程序。

【专业运用能力训练】

一、案例分析题

案例一

第一步：根据资料，设计 ABC 分类表，并按采购金额从大到小的顺序进行排序，如表 3-1-1 所示。

第二步：列表计算采购额百分比、采购额累计百分比、品种累计百分比，如表 3-1-1 第 6、7、8 列所示。

第三步：根据 ABC 分类标准制将物料分成 A、B、C 三类，如表 3-1-1 第 9 列所示。

第四步：列表计算占全部品种的百分比、占全部品种的累计百分比、采购额、占采购总额的百分比、占采购总额的累计百分比，如表 3-1-2 第 2、3、4、5、6 列所示。

表 3-1-1　某企业采购物料 ABC 分类表

序号	编号	采购量/件	单价/元	采购额/元	采购额百分比/%	采购额累计百分比/%	品种累计百分比/%	分类
1	B	1 400	9	12 600	39. 12	39. 12	8. 33	A
2	L	2 500	3	7 500	23. 28	64. 40	16. 67	A
3	H	550	7	3 850	11. 95	74. 36	25. 00	A
4	G	500	6	3 000	9. 31	83. 67	33. 33	B
5	A	350	4	1 400	4. 35	88. 02	41. 67	B
6	K	290	4	1 160	3. 60	91. 62	50. 00	B
7	J	330	2	660	2. 05	93. 67	58. 33	C
8	E	280	2	560	1. 74	95. 41	66. 67	C
9	D	160	3	480	1. 49	96. 90	75. 00	C
10	I	120	4	480	1. 49	98. 39	83. 33	C
11	C	300	1	300	0. 93	99. 32	91. 67	C
12	F	220	1	220	0. 68	100. 00	100. 00	C
合计				32 210	100			

表 3-1-2　某企业采购物料 ABC 分析表

品种数	占全部品种的百分比/%	占全部品种的累计百分比/%	采购额/元	占采购总额的百分比/%	占采购总额的累计百分比/%
BLH	25. 00	25. 00	23 950	74. 36	74. 36
GAK	25. 00	50. 00	5 560	17. 26	91. 62
JEDICF	50. 00	100	2 700	8. 38	100

第五步：对 A、B、C 三类物料进行不同的管理策略。对 A 类物料，进行重点管理，严格控制库存，尽可能将库存放在供应商预测库存上；对 B 类物料，实施按月采购计划，按月交付，可根据当时市场行情等因素（如原材料处在低谷时、供应出现瓶颈时等）灵活处理库存；对 C 类物料，建议按季度用量定量采购或采用双仓法、红线法进行粗略控制，相应减少订货次数。

案例二

经济订货批量（EOQ）的计算公式及计算过程如下：

$$EOQ=\sqrt{\frac{2\times\text{年采购总量}\times\text{一次性采购费用}}{\text{单位商品储存费用}}}=\sqrt{\frac{2CR}{PF}}$$

$$=\sqrt{\frac{2\times3\ 000\times20}{12\times25\%}}=200\text{（件）}$$

案例三

1. 美的集团的库存控制模式是供应商管理库存（VMI）。其理念是通过集中管理库存和各个零售商的销售信息，生产商或分销商补货系统就能建立在真实的销售市场变化基础上，能够提高零售商预测销售的准确性，缩短生产商和分销商的生产和订货提前期，在链接供应和消费的基础上优化补货频率和批量。

2. 库存管理方法的优点有：

首先，供应商拥有库存，对于零售商来说，可以省去多余的订货部门，使人工任务自动化，从过程中去除不必要的控制步骤，使库存成本更低，服务水平更高。

其次，供应商拥有库存，供应商会对库存考虑更多，并尽可能进行更有效的管理，通过协调多个零售生产与配送，进一步降低总成本。

最后，供应商能按照销售时点的数据，对需求做出预测，能更准确地确定客货批量，减少预测的不确定性，从而减少安全库存量，降低存储与供货成本，同时，供应商能更快响应用户需求，提高服务水平，使用户的库存水平也降低。

3. 通过理念创新、技术创新、模式创新、人才培养等举措来提升公司核心竞争力。

理念创新：需要树立全局观念，从供应链的角度出发，与供应商建立长期稳定的合作关系，共同推动产品创新和服务优化。

技术创新：需要积极运用电子采购系统、大数据和人工智能技术等科技手段，提高采购效率和透明度。

模式创新：采用多元化采购模式，如分散采购、JIT 采购、VMI 等新型采购模式，以满足公司不同的采购需求。

人才培养：公司需要重视人才培养，打造专业、高效的采购团队。一方面通过定期培训和交流学习等形式提高采购人员的专业素养和创新能力。另一方面完善激励机制，鼓励采购人员积极提出创新想法和建议，为公司发展贡献力量。

二、能力训练题

答案略。

项目四　采购价格与成本管理

【知识认知能力训练】

一、填空题

1. 物品和服务的价格
2. 送达价
3. 成本结构
4. 购入成本
5. 季节折扣
6. 定量采购控制法
7. 无差异
8. 谈判采购
9. 第三方采购
10. 下降

二、单项选择题

1—5　BBDAD　6—10　DDDDB　11—15　BCCDB　16—20　DDDDC

三、多项选择题

1. ABD　2. ABCD　3. ABCD　4. ABCD　5. ABCD　6. ABC　7. ABCD　8. ABCD　9. AB　10. ACD

四、判断题

1—5　✓✓×××　6—10　✓×✓×✓

五、简答题

1. 影响采购价格的因素包括成本结构、市场结构、规格与品质、采购数量、交货条件、付款条件、生产季节与采购时机、采购物料的供需关系等。

2. 采购成本的构成具体包括购入成本、订购成本、维持成本、缺料（或缺货）成本四部分。其中，购入成本包括货物的采购价格、运费、装卸费及损耗等；订购成本包括请购手续费用、采购询议价费用、采购验收费用等；维持成本包括存货资金成本、仓储保管费用、装卸搬运费等；缺料成本则包括停工待料损失、延迟发货损失等。

3. 影响采购成本的因素有采购批量和采购批次、采购价格及谈判能力、企业采购战略、产品成本结构和供应商成本结构等。

4. 降低采购成本的途径包括获取采购价格折扣、优化采购批量和批次、提升谈判能力、改进采购战略、优化产品和供应商成本结构等。

5. ABC 分析法是一种库存分类管理方法，将物品按照重要性分为 A、B、C 三类。A 类物品是价值高且数量少的物品，需要重点管理；B 类物品是价值和数量居中的物品，需要常规管理；C 类物品是价值低、数量多的物品，可以简化管理。

6. 采购价格折扣类型包括数量折扣、现金折扣、季节折扣、交易折扣、回扣和津贴等。

7. 完全竞争市场的特点包括市场上产品无差异、买卖双方众多且规模较小、价格由市场供求关系决定、无交易壁垒等。

8. 控制采购价格的途径有限价采购、竞争报价、规定供应商和供货渠道、控制大宗和贵重材料的购货权、提高购货量和改变购货规格、根据市场行情适时采购等。

9. 采购成本控制的方法包括 ABC 控制法、定期采购控制法、定量采购控制法、战略采购成本控制方法、供应链采购成本管理方法等。

10. 采购成本的广义定义包括物料的价款、运杂费及仓储成本、品质成本等所有与采购相关的费用；采购成本的狭义定义则仅指物料的价款和运杂费。

【专业运用能力训练】

一、案例分析题

案例一

山钢集团通过推行“互联网+大数据”的新型采购模式，在采购过程中降低成本的方式主要包括以下几个方面：

（1）数据对接与分析：通过与阿里巴巴 1688 大企业采购平台的数据对接，山钢集团能够利用大数据技术对供应商进行精准筛选和分析，从而提高采购效率。

（2）精准推送：利用大数据分析，将招标信息精准推送给符合条件的供应商，减少了信息不对称和搜索成本。

（3）供应商竞争：供应商根据招标要求进行投标报价，这种竞争机制促使供应商提供更有竞争力的价格，从而降低采购成本。

（4）综合评估：山钢采购部门不仅考虑价格，还综合考虑供应商的资质、交付能力等因素，选择最优供应商，实现成本效益最大化。

（5）供应链协作：通过内外供应链的协作，形成更高效的供应链体系，减少中间环节，降低交易成本。

（6）透明化操作：采购过程的透明化有助于减少腐败和不正当交易，确保采购的公正性，间接降低成本。

（7）技术应用：利用互联网技术，将传统采购过程中的纸质文件和人工操作改为数字化的电子文档和自动化操作，降低了人力成本，提高了效率和准确性。

（8）规模效应：通过电商平台进行集中采购，可以利用规模效应获得更优惠的价格。

案例二

在高利润行业中实现有效的采购成本管理，以应对经济回调和市场增速放缓的挑战，可以从以下几个方面进行：

（1）成本意识提升：公司需要从高层到基层员工都建立起成本意识，认识到即使在高利润行业中，成本控制也是保持竞争力的关键。

（2）采购战略制定：制定明确的采购战略，包括供应商选择、谈判策略、合同管理等，确保采购活动与公司的整体战略相一致。

（3）供应商管理：深入研究供应商的成本结构，通过建立长期合作关系，实现成本共享和风险分担。同时，鼓励供应商之间的健康竞争，以获取更优惠的价格和更好的服务。

（4）多元化采购：避免过度依赖单一供应商，通过多元化采购策略降低供应风险，同时增加谈判筹码。

（5）数据分析与应用：利用数据分析工具，如六西格玛等，对成本和收益进行统计和比较，以数据驱动决策。

（6）产品设计优化：在产品设计阶段就考虑成本因素，如减少不必要的材料使用、优化包装设计以降低成本，同时不牺牲产品质量。

（7）谈判技巧提升：培训采购人员，提高他们的谈判技巧，使他们能够更有效地与供应商沟通，争取更有利的合同条件。

（8）跨部门协作：加强采购部门与其他部门（如营销、研发、生产等）的协作，共同评估成本和收益，实现资源的最优配置。

案例三

霸王茶姬通过其定价策略在中端茶饮市场中确保利润空间并吸引目标消费者群体的方式主要包括以下几个方面：

（1）市场定位：霸王茶姬明确自己的市场定位，选择了 15—20 元的价格区间，这个区间既高于低端市场，又低于高端市场，形成了独特的市场定位。

（2）品质保证：在所选的价格区间内，霸王茶姬能够保证产品的品质，提供高于市场平均水平的产品和服务，满足消费者对高品质生活的追求。

（3）利润空间：定价策略为霸王茶姬提供了足够的利润空间，使其能够在保证品质的同时，保持合理的利润率。

（4）社交体验：霸王茶姬模仿星巴克的模式，为顾客提供优质的社交空间体验，既增加了产品的附加值，也让消费者愿意为此支付更高的价格。

（5）消费者心理：霸王茶姬理解消费者愿意为高品质产品和服务买单，这种心理促使其定价策略能够吸引对品质有要求的消费者。

（6）品牌建设：通过独特的口感和创意，霸王茶姬建立了自己的品牌形象，这种品牌形象与其定价策略相辅相成，增强了消费者的品牌忠诚度。

（7）市场调研：霸王茶姬对市场需求有精准的把握，通过市场调研了解消费者的需求和偏好，确保其定价策略与市场需求相匹配。

（8）差异化竞争：在竞争激烈的市场中，霸王茶姬通过差异化的产品和服务，避免了与低端市场的直接竞争，同时与高端市场形成差异化。

（9）成本控制：在确保品质的同时，霸王茶姬通过有效的成本控制，确保了其定价策略的可持续性，为长期发展打下基础。

二、能力训练题

答案略。

项目五　供应商选择与管理

【知识认知能力训练】

一、填空题

1. 生产　流通
2. 稳定可靠的供应商队伍
3. 供应商考核
4. 了解供应商和资源市场
5. 供应商选择
6. 产品质量
7. 直观判断法
8. 合作伙伴
9. 正激励
10. 竞争机制

二、单项选择题

1—5　DCDDC　6—10　DDDDC　11—15　CDBDC　16—20　CBDCD

三、多项选择题

1. ABC　2. ABCD　3. ABCDE　4. ABCDE　5. ABCDE　6. ABCDE　7. ABCDE　8. ABCD　9. ABCD　10. ACDE

四、判断题

1—5　×××√×　6—10　××√×√

五、简答题

1. 在准备发展成紧密关系的供应商或寻找关键零部件产品的供应商时，要进行深入调查。

2. 影响供应商选择的因素有价格、质量、交货提前期、交货准时性、品种柔性、设计能力、特殊工艺能力和其他因素等。

3. 有效的供应商综合评估体系内容应包括供应商业绩、设备管理、人力资源开发、质量控制、技术开发、客户满意度、交货协议等。

4. 企业实施供应商关系管理的好处：① 优化与供应商的关系；② 建立竞争优势；③ 扩展、加强与重要供应商的关系；④ 降低成本、增加利润。

5. 双赢供应关系下的采购策略表现为：① 采购商对供应商给予协助，帮助供应商降低成本、改进质量、加快产品开发进度；② 通过建立相互信任的关系，提高效率，降低交易管理成本；③ 长期的信任合作取代短期的合同；④ 比较多的信息交流。

6. 常见的激励方式有价格激励、订单激励、商誉激励、信息激励、淘汰激励、研发激励、组织激励等。

【专业运用能力训练】

一、案例分析题

案例一

1. 在选择新供应商时，应考虑以下关键因素。

（1）技术能力与产品性能：供应商的技术研发能力及所提供产品的性能指标是否符合 Z 公司的需求，这是确保最终产品质量的关键。

（2）成本效益：供应商提供的产品或服务的价格是否合理，能否提供足够的性价比。对于电子产品制造商而言，成本控制尤为重要。

（3）交付能力：供应商的生产能力、交货速度和可靠性，以确保按时完成订单。这对于满足市场快速变化的需求至关重要。

（4）质量控制：供应商的质量管理体系是否健全，是否有良好的历史记录来证明产品质量。高质量的产品有助于维护 Z 公司的品牌形象。

（5）财务稳定性：供应商的财务状况是否稳健，是否有足够的资金支持持续的合作。这可以避免供应商资金链断裂而导致的供应链中断风险。

2. 定期评估供应商表现的方法和操作流程。

（1）定期审计：定期对供应商的工厂进行现场审核，检查其生产流程、质量控制和环保措施等。

（2）绩效评分：根据交货时间、产品质量、价格等因素给供应商打分，用以衡量供应商的整体表现。

（3）客户反馈：收集使用供应商产品的最终客户的反馈意见，据此评估供应商的产品和服务质量。

（4）持续改进计划：与供应商合作制订持续改进计划，并定期回顾改进效果。

3. 建立长期合作关系的三个建议措施。

（1）建立战略伙伴关系：与关键供应商签订长期合作协议，共享市场信息和发展规划。

（2）技术支持与培训：为供应商提供必要的技术支持和培训，帮助他们提升技术水平和产品质量。

（3）共同研发：与供应商合作开展技术研发项目，共同开发新产品或改进现有产品。

案例二

1. 选择供应商的主要评估标准应该包括但不限于以下几个方面：

（1）技术能力与产品性能：供应商的技术研发能力及所提供产品的性能指标是否符合华为的需求。

（2）成本效益：供应商提供的产品或服务的价格是否合理，能否提供足够的性价比。

（3）交付能力：供应商的生产能力、交货速度和可靠性，以确保按时完成订单。

（4）质量控制：供应商的质量管理体系是否健全，是否有良好的历史记录来证明产品质量。

（5）财务稳定性：供应商的财务状况是否稳健，是否有足够的资金支持持续的合作。

（6）合规性：供应商是否遵守相关法律法规，是否存在贸易制裁风险。

（7）创新能力：供应商是否有持续的研发投入，是否有能力在未来提供更好的技术和产品。

（8）售后服务和支持：供应商是否能提供售后技术支持，保证服务水平。

（9）社会责任：供应商是否履行社会责任，如在环境保护和社会伦理等方面的表现。

2. 基于上述标准对两家供应商进行对比分析：

供应商A：优势在于技术成熟度高、产品质量可靠，但由于国际政治因素可能存在贸易限制的风险。如果选择供应商A，华为将能够获得先进的技术和产品，但同时也需要评估因贸易限制带来的不确定性。

供应商B：虽然成立时间较短，但发展速度快，成本较低，具有较高的性价比。选择供应商B意味着华为可以在成本上有所节省，但同时也要评估供应商B的技术能力和市场经验是否足够应对未来的需求。

3. 为了确保供应链的稳定性和可持续性，可以采取以下措施：

（1）建立战略伙伴关系：与关键供应商签订长期合作协议，共享市场信息和发展规划。

（2）技术支持与培训：为供应商提供必要的技术支持和培训，帮助他们提高技术水平和产品质量。

（3）共同研发：与供应商合作开展技术研发项目，共同开发新产品或改进现有产品。

（4）定期评估：定期评估供应商的表现，确保双方都能够持续改善和提高。

（5）激励机制：设立奖励机制，鼓励供应商不断提高质量和服务水平。

案例三

1. 帮助供应商提升环保和社会责任表现是为了：

（1）提升企业形象与品牌价值：帮助供应商提高环保和社会责任标准，可以提升绿途科技的品牌形象，吸引更多注重可持续性的客户。

（2）遵从法律法规：遵守日益严格的环保和社会责任相关法律法规的要求，避免法律风险。

（3）保证长期利益：通过帮助供应商成长，可以建立更稳定、可靠的供应链关系，有利于企业的长远发展。

（4）增强社会责任感：作为一家有责任感的企业，绿途科技有义务推动整个行业的可持续发展。

2. 帮助供应商成长的具体措施：

（1）培训与教育：为供应商提供环保技术和社会责任实践方面的培训，帮助他们了解最新的环保法规和技术趋势。

（2）技术支持：提供技术咨询和支持，协助供应商改进生产工艺，减少废物排放。

（3）财务激励：为积极改善环境和社会表现的供应商提供优惠的采购条件或直接的资金支持。

（4）定期评估：建立一套评估机制，定期检查供应商的表现，并根据结果调整合作策略。

3. 这些措施带来的正面影响有：

（1）环境影响：通过采用更环保的生产工艺，供应商成功减少了 20% 的废水排放量，并提高了能源使用效率。

（2）社会责任：供应商改善了员工的工作条件，提高了工资水平，并实施了更加公平的雇佣政策。

（3）经济效益：虽然初期投入了一定的成本，但随着生产效率的提高和品牌声誉的提升，供应商的利润率也得到了显著提高。

4. 实施措施的过程中可能遇到的挑战及解决方法：

（1）成本问题：初期投资可能会给供应商带来较大的经济压力。

解决方法：绿途科技可以提供一定的资金支持，或者协助供应商寻求政府补贴和优惠政策扶持。

（2）观念转变：一些供应商可能缺乏改变的动力或不愿意接受新的做法。

解决方法：通过分享成功案例等方式加强沟通，提高供应商对可持续发展的认识。

（3）技术难题：供应商可能面临技术上的难题，难以实现预期的改进目标。

解决方法：绿途科技可以与科研机构合作，为供应商提供技术支持和咨询服务。

二、能力训练题

答案略。

项目六　采购实施

【知识认知能力训练】

一、填空题

1. 集中
2. 财政拨款
3. 采购方式选择　招标条件设定　合同管理
4. 确定采购需求
5. 公开招标采购　邀请招标采购
6. 评标和定标
7. 资格预审
8. 电子采购
9. 准时化采购
10. 采购需求分析

二、单项选择题

1—5　BADBC　6—10　AACDA　11—15　BCBDA　16—20　BBACD

21—25　AACDD

三、多项选择题

1. ABC　2. ABCD　3. ABD　4. ABC　5. ABCD　6. ABCD　7. BCD　8. ABC　9. ABCD　10. ABCD　11. ABD　12. ABCD

四、判断题

1—5　✓×✓×✓　6—10　×✓✓×✓　11—15　✓✓××✓　16—20　✓✓××✓

五、简答题

1. 政策采购的特点有资金来源的公共性、采购主体的特定性、采购目标的非营利性、采购程序的规范性、采购活动的政策性、采购对象的广泛性和公开性，以及具有巨大的影响力。

2. 招标采购是指采购方作为招标方，事先提出采购的条件和要求，邀请众多企业参加投标，然后由采购方按照规定的程序和标准一次性地从中择优选择交易对象，并与提出最有利条件的投标方签订协议的过程。整个过程要求公开、公正和择优。招标文件的编制应遵守以下原则：遵守法律法规、反映采购单位的需求、公正合理、公平竞争、科学规范、维护政府和企业的利益。

3. 招标采纳与政府采购的区别是法律界定的范围不同、实施的主体不同、组织形式有区别、资金保障不同、服务结果不同。

4. 电子采购是由采购方发起的一种采购行为，是一种不见面的网上交易，如网上招标、网上竞标、网上谈判等。它不仅完成采购行为，而且利用信息和网络技术对采购全程的各个环节进行管理，有效整合了企业的资源，帮助供求双方降低了成本，提高了企业的核心竞争力。

电子采购的优点：提高了采购的效率、降低了采购的成本、扩大了采购的范围、优化了采购的流程、提高了采购的质量、减少了采购的腐败；电子采购的缺点：存在安全问题、隐私问题、财税问题、欺诈问题、体验问题、法律问题等。

5. 报价技巧：第一，开盘报价条件要高。对于供应商而言，开盘价必须是最高的，对于采购方而言，开盘价必须是最低的。这是报价的首要原则。第二，报价既要果断又要有弹性。报价应该坚定、明确、完整，且不加任何解释和说明。这样能给对方留下认真而诚实的印象。还价技巧：第一，还价之前必须充分了解对方报价的全部内容，准确了解对方提出条件的真实意图，清楚对方报价中的主要内容、附加条件，辨清实价与虚价。第二，还价前要对己方的利益需求有科学的计算和分析。可采用开低走高、欲擒故纵、疲劳轰炸、百般挑剔、博人同情等方法进行还价。

【专业运用能力训练】

一、案例分析题

案例一

1. 本案例中采用了公开招标采购方式。

2. 这种采购方式的优点：有效地实现物有所值的目标；促进公平竞争；确保交易公正，维护供应商和采购实体双方的利益；减少腐败现象的发生。

这种采购方式的缺点：采购周期太长，费时太多；需要的文件非常烦琐，而且很难考虑周全；有可能造成设备规格多样化，给维修和使用标准备件造成障碍；缺乏弹性，有时签订的合同并不一定是采购实体的最佳选择。

3. 在实施采购的过程中需要承担的责任有质量责任、社会责任、环境保护责任、可持续发展责任、法治责任、诚信公平责任等。

案例二

1. 电子采购是由采购方发起的一种采购行为，是一种不见面的网上交易，如网上招标、网上竞标、网上谈判等。它不仅完成采购行为，而且利用信息和网络技术对采购全程的各个环节进行管理，有效整合了企业的资源，帮助供求双方降低了成本，提高了企业的核心竞争力。

建立数字化采购平台的原因：缺少统一的业务过程合规性管控平台；需要平台作为集采管理的有力抓手；缺乏统一、规范的基础数据管理标准，造成物料数据不规范；集团管理供应商众多，需要通过数字化采购管理平台整合供应商资源；需要多样的专业采购模式匹配；数字化为人所不能为；等等。

过程与成效：阳光合规、管好招采；全域管理、闭环体系；数字化创新，形成了全流程在线业务平台；建立了供应商管理体系；建立集中采购全覆盖，降本增效；建立采购管理标准化体系；建立数字化风控体系；建立智能化数据分析，辅助采购决策。

2. 中粮糖业建立数字化采购平台给我们的启示：企业应积极推动业务流程的数字化转型，以提高运营效率和降低成本；加强企业内部的合规管理，利用技术手段保障业务的合规性；注重与供应链伙伴的合作，建立协同共生的关系，提升整个供应链的竞争力；保持创新思维，不断探索适应数字化时代的采购新模式和新方法；重视人才培养和发展，鼓励员工不断学习和掌握新的数字技术；建立全面的风险管理体系，运用数字化工具进行风险监测和预警；树立持续改进的理念，不断优化采购流程和策略。总之，数字化采购平台为采购领域带来了全方位的变革和发展机遇，企业需要积极适应并充分利用这些启示，以提升采购管理水平和竞争力。

案例三

1. 采购谈判的策略：避免争论、抛砖引玉、留有余地、避实就虚、保持沉默等。

2. 采购谈判过程中，相关单位和人员需要具备的意识：诚实守信、公平公正、社会责任、合作共赢、廉洁自律、法治观念、创新思维、文化尊重等。

需要承担的责任：遵守法律法规、保证采购项目质量、合同备案等责任。

案例四

施乐欧洲公司采用准时制采购后取得的成效：总的来说，准时制采购帮助该公司显著降低了成本，提高了资金周转率，提升了产品质量，优化了供应商关系，改进了部门绩效。让准时制采购发挥最大效用的方法：建立稳固的供应商关系、采用高效的信息共享系统、加强员工培训、形成风险管理机制等。

案例五

从集中采购案例中获得的启发：集中采购可以形成规模经济，从而降低采购成本，还可以集中专业的采购人员和资源（他们具有更丰富的采购经验和专业知识，能够做出更明智的采购决策）；与少数优质供应商建立长期稳定的合作关系，提高供应商的服务水平和配合度，降低供应商管理的复杂性和风险（便于制定和执行统一的采购标准和规范，确保所采购的物资、服务质量的一致性和稳定性）。但与此同时，集中采购存在灵活性不足、沟通协调难度较大、造成卖方市场不断壮大、供应商议价能力不断增强等问题。

二、能力训练题

答案略。

项目七　采购合同管理

【知识认知能力训练】

一、填空题

1. 合同资格　资信　履约能力
2. 无效合同纠纷　有效合同纠纷
3. 卖方违约　买方违约
4. 协商　调解　仲裁　诉讼
5. 促进合同正常执行　满足企业生产经营的物料需求　保持合理的库存水平
6. 支付工具　付款方法　支付时间
7. 同时履行抗辩权　先履行抗辩权　不履行抗辩权
8. 重大误解的采购合同　显失公平的采购合同　欺诈、胁迫的采购合同
9. 合同当事人协商变更　申请人民法院或仲裁机构裁决变更
10. 4

二、单项选择题

1—5　CACDB　6—10　ADCAB　11—15　BABDA　16—20　DCCBA

三、多项选择题

1. ABC　2. ABCD　3. ABCD　4. ABCD　5. ACD　6. ABCD　7. ABC　8. ABD　9. ABCD　10. ABC

四、判断题

1—5　✓××✓✓　6—10　✓×✓✓×

五、简答题

1. 采购合同的特征：采购合同是以有偿方式转移标的物所有权或经营权的合同；采购合同的主体比较广泛；采购合同与物流过程紧密相连；采购合同具有一般买卖合同的普遍特征。

2. 一份完整的采购合同由合同首部、合同正文、合同尾部组成。

3. 采购合同签订的一般原则：合同当事人必须具备法人资格；合同内容必须符合相关法律法规；坚持平等互利、充分协商的原则；坚持等价、有偿的原则；当事人应以自己的名义签订合同；如委托他人代签，须提供有效的委托证明；采用书面形式

签订合同。

4. 采购合同履行的一般规则：

（1）质量要求不明确的，按照国家标准、行业标准履行；没有国家标准、行业标准的，按照通常标准或者符合合同目的的特定标准履行。

（2）价格不明确的，按照订立合同时履行的市场价格履行；依法应当执行政府定价或者政府指导价的，按规定履行。

（3）履行期限不明确的，债务人可以随时履行，债权人也可以随时要求履行，但应当给对方必要的准备时间。

（4）履行地点不明确的，在履行义务一方所在地履行。

（5）履行方式不明确的，按照有利于实现合同目的的方式履行。

（6）履行费用的负担不明确的，由履行义务一方负担。

5. 采购合同产生纠纷的原因：

（1）卖方违约，如拒不交货，未按照合同规定的时间、品质、数量、包装交货，货物与单证不符等。

（2）买方违约，如未按合同规定的时间付清货款，或未按合同规定的时间、地点提货验收等。

（3）双方签订的合同规定不明确、不具体，致使买卖双方对合同条款的理解或解释不一致。

6. 采购合同变更的方法：

（1）双方当事人协商变更。只要双方协商一致，就可以签订补充协议，并签字盖章使其生效，这也是合同变更的常用方式。

（2）申请法院或仲裁机构裁决变更。《中华人民共和国民法典》规定，如因重大误解，被欺诈或胁迫签订合同的，受损害方有权请求法院或仲裁机构变更或撤销合同。

7. 可以解除采购合同的情形如下：

（1）不可抗力因素致使不能实现合同的。

（2）在履行期限届满之前，当事人一方明确表示或者以自己的行为表明不履行债务。

（3）当事人一方延迟履行主要债务、经催告后在合理期限内尚未履行。

（4）当事人一方延迟履行债务或其他违约行为致使合同不能实现的。

8. 采购货款结算的步骤：

（1）查询物品入库信息。

（2）准备付款申请单据。

（3）付款审批。

（4）资金平衡。

（5）向供应商付款。

【专业运用能力训练】

一、案例分析题

案例一

1. 纺织厂只要有足够的证据证明服装厂丧失了履行合同的能力就可以根据《中华人民共和国民法典》的规定行使不安抗辩权，终止履行合同，其行为不构成违约。

2. 纺织厂行使的是不安抗辩权，行使不安抗辩权必须遵循法律规定的程序要求，另外纺织厂应有足够的证据证明对方的偿债能力降低，才能通知对方暂时中止履行，终止履行合同后，可要求对方在合理期限内提供担保，如果对方还未恢复履行能力或者未提供适当担保的，终止履行的一方才可以解除合同。

案例二

本合同应依法确认为无效合同。当事人双方以散装白酒冒充名牌白酒出售，不仅违反国家法律，且损害社会公众利益和名牌白酒生产厂家利益，属于《中华人民共和国民法典》明文规定的无效合同情形。由于双方的行为均属故意行为，根据《中华人民共和国民法典》规定，合同无效。如果当事人串通损害国家集体利益的，取得的财产收归国家所有，因此应当追缴这 50 000 瓶白酒，乙方已收到的贷款 10 万元和乙方约定取得的甲方尚未付清的货款 5 万元收归国家所有。

案例三

1. 甲乙之间合同关系不成立。

甲公司于 2023 年 3 月 1 日给乙公司发出电报称："现有当年产玉米 50 吨，每吨 1 000 元，如贵方需购，望于接到电报之日起一周内回复为盼。"这属于要约，3 月 3 日乙公司给甲公司复电称："接受贵方条件，但望以每吨 800 元成交。"这属于反要约而不是承诺，承诺是受要约人完全同意要约的意思，表示合同成立时间是承诺生效的时间，这里没有有效承诺，合同当然不成立。

2. 甲乙之间合同关系不成立。

因为甲公司提出在一周内回复，而乙公司在 3 月 10 日回复，根据《中华人民共和国民法典》第四百八十六条受要约人超过承诺期限发出承诺的，或者在承诺期限内发出承诺，按照通常情形不能及时到达要约人的，为新要约。但是，要约人及时通知受要约人该承诺有效的除外。因此，甲乙之间的合同关系不成立。

3. 需要承担责任，因为甲公司于 2023 年 3 月 1 日给乙公司发出电报称："现有当年产玉米 50 吨，每吨 1 000 元，如贵方需购，望于接到电报之日起一周内回复为盼。"这一行为是要约，而且是确定承诺期限的要约，根据《中华人民共和国民法典》第四百七十六条，要约人以确定承诺期限或者其他形式明示要约不可撤销的，要约不能撤销，这就表示甲的要约生效了。题目中乙是在承诺期限内直接去付款提货（这一行为表示承诺），而甲公司已将这 50 吨玉米高价卖给了丙公司，没有遵守要约，所以要承担责任。

二、能力训练题

答案略。

项目八　采购绩效管理

【知识认知能力训练】

一、填空题

1. 采购绩效管理

2. 采购部门的评估

3. 明确化与公开化　客观考核　差别化原则　反馈原则　持续性原则

4. 指标体系

5. 适时　适量　适质

6. 质量绩效指标

7. 时间绩效指标

8. 历史绩效　预算标准　行业平均绩效　目标绩效

9. 准时交货率

10. 反馈机制

二、单项选择题

1—5　DDDAB　6—10　CDCBD　11—15　DDBDB　16—20　CCBCA

三、多项选择题

1. ABD　2. AD　3. ABCD　4. BCD　5. ACD　6. ABCD　7. ABCD　8. ABCD　9. ABD　10. ABCD

四、判断题

1—5　××√×√　6—10　××√×√

五、简答题

1. 采购绩效管理是指通过建立有效的绩效评估指标体系，对采购活动进行评估、提升和监控的管理方法。

2. 采购绩效管理的目的：确保采购目标的实现、提供改进绩效的依据、作为个人或部门奖惩的参考、有利于采购人员的甄选与培养、改善部门关系、激发员工的工作积极性。

3. 答案不唯一。

在实施采购绩效管理过程中，可能遇到的挑战及应对策略包括：

（1）数据收集困难：采购数据分散、格式不统一等可能导致数据收集困难。应对策略包括建立统一的数据收集标准和流程，利用信息化手段提高数据收集效率。

（2）绩效指标设定不合理：绩效指标设定过于复杂或与实际工作脱节，可能导致评估结果不准确。应对策略包括根据企业实际情况和采购目标，合理设定绩效指标，并定期进行评估和调整。

（3）供应商配合度不高：供应商对绩效管理的理解和配合程度不一，可能影响评估结果的准确性。应对策略包括加强与供应商的沟通和培训，提高其对绩效管理的认识和配合度。

4. 采购部门及人员的考核指标有数量绩效指标、质量绩效指标、时间绩效指标、价格绩效指标、采购效率指标等。

5. 答案不唯一。

改进采购绩效的途径主要有：

（1）营造商品采购绩效改进的工作氛围。

（2）通过强化内部管理来提升商品采购绩效。

（3）通过应用科学技术来提升采购绩效。

（4）通过与供应商开展更好的合作来实现商品采购绩效的提升。

（5）通过开发优秀新供应商来降低采购总成本。

（6）以标杆管理指导采购绩效改革。

【专业运用能力训练】

一、案例分析题

案例一

1. D 公司实施绿色采购策略的主要动机包括：

（1）响应全球环保倡议，承担企业社会责任。

（2）提升企业品牌形象和市场竞争力。

（3）减少对环境的影响，实现可持续发展目标。

（4）降低长期运营成本，如通过节能减排降低能耗费用。

2. D 公司在实施绿色采购策略过程中，通过以下方式确保供应商遵守环保要求：

（1）建立绿色供应商评估体系，对潜在供应商的环保资质、环境管理体系等进行全面评估。

（2）在与供应商签订的合同中明确环保要求和绩效指标，要求供应商遵守并达到这些标准。

（3）定期对供应商的环保绩效进行监控和评估，通过收集数据、分析指标、组织评审会议等方式，确保供应商持续改进其环保表现。

（4）设立奖励机制，对在绿色采购方面表现突出的供应商给予优惠价格、增加订单量等激励，以鼓励供应商积极参与绿色采购活动。

案例二

1. 海尔公司通过构建灵活高效的供应链网络，并引入数字化技术和智能化平台，实现了供应链的优化和协同。具体来说，海尔建立了供应链协同平台，实现了供应商、合作伙伴和内部各部门之间的信息共享和协同决策。这种设计打破了信息孤岛，提高了供应链的响应速度和整体效率，从而提升了采购效率。

2. 海尔公司在供应商管理方面采取了多项措施来确保供应链的稳定性和高效性。首先，海尔倡导合作共赢的供应商伙伴关系，与供应商建立长期稳定的战略合作伙伴关系，共同推进创新和价值共创。其次，海尔建立了全面的供应商评估体系，对供应商的资质、能力、业绩等进行全面评估，确保选择到优质的供应商。此外，海尔还与供应商之间建立了信息共享、风险共担、利益共享的合作机制，形成了紧密高效的供应商体系，从而保障了供应链的稳定性和高效性。

3. 海尔公司在成本控制方面的成功经验主要包括精细化成本管理和效益评价。海尔建立了全面的成本管控体系，对产品成本、供应链成本和采购成本等各项成本进行全面评估和优化。通过引入成本透明化和实时监控机制，海尔能够及时发现成本异常和浪费现象，并采取措施进行改进。此外，海尔还建立了成本效益评价体系，对产品成本、供应链成本和采购成本等各项成本进行效益评估，确保成本投入与产出相匹配。这些成功的经验为海尔在激烈的市场竞争中保持竞争优势提供了有力支持。

案例三

1. T 公司需要实施供应商绩效提升计划的原因主要有以下几点：

一是市场竞争加剧，提升供应商绩效有助于保持公司的竞争优势；二是消费者需求多样化，对产品质量和服务水平提出了更高要求；三是优化采购流程，降低采购成本，提高供应链效率；四是建立长期稳定的供应商关系，确保供应链的可靠性和可持续性。

2. T 公司在建立绩效指标体系时，应考虑以下关键因素：

一是产品质量，这是衡量供应商绩效的核心指标；二是交货准时率，它会影响公司的生产计划和客户满意度；三是价格竞争力，直接关系到公司的采购成本和市场竞争力；四是创新能力，有助于推动产品升级和满足市场新需求；五是服务水平，包括售后服务、技术支持等方面，影响客户体验和品牌形象。

3. T 公司通过沟通与培训来推动供应商绩效改进的方式有：

一是定期组织供应商会议，就绩效指标、市场需求、产品趋势等进行深入交流，了解供应商的实际情况和困难，共同寻找解决方案；二是提供必要的培训和支持，如质量管理、生产流程优化、技术创新等方面的培训，帮助供应商提升生产能力和管理水平；三是建立沟通机制，如设立热线电话、电子邮箱等，确保双方能够及时沟通问题、反馈意见和分享经验。通过这些措施，T 公司可以加强与供应商的沟通和合作，推动供应商绩效的持续改进。

二、能力训练题

答案略。